Bill Emmott

Japan's
Far More
Female Future

［英］比尔·艾默特 著

林小慧 译

在
场

南京大学出版社

21个故事讲述
日本的女性经济学

中文版序言

每一个国家都愿意相信自己是独特的,独特的历史、地理和文化造就了自身的独特性。日本在这点上相当典型。每一位中国读者在阅读本书时都将认识到,虽然日本历史和文化的许多方面都与中国紧密相连,但是在艺术、建筑、宗教和音乐上,以及毫无疑问在政治上,日本却在共同的源头之上发展出了日本式的特点。

另外,虽然每个社会都希望自己是独特的,但它们拥有许多共通的地方,因此各个社会会以相似的路径发展,只是所处的阶段不同,发展的速度不同,除此之外再加上某些独有的特点。在某种程度上，我们是互相跟进的，尤其在双方处于相似的经济发展程度时，尤其当双方是邻国时。我们是互相影响的，尤其因为当今全球信息传播迅疾，也因为我们都是人类，从根本上说，我们都受制于同样的压力和直觉。

为什么我作为一个日本社会的旁观者，却还是饶有兴趣地探究日本社会（公司、大学、政府）中女性的地位和作用，这便是其中一个原因；我作为一个英国人，已经观察和书写日本四十余年。女性的作用，是日本不如其他发达经济体和社会（如欧洲和北美）的一个方面。但是，如果我们回望日本的发展过程，会发现它正在走那些国家在20世纪80年代至21世纪前十年间走过的路，女性的作用在社会的各个阶层都在变得更加突出。事实正在证明，日本社会所受的影响与其他社会是相同的。

我在书中概述了这些影响正在不可阻挡地引领女性更多参与到职业和政治领导中，长此以往，这种参与度将以各种方式改变日本和日本组织的特征，其中许多改变是我们无法预测的。日本同现代的其他社会一样，长期以来是一个男性主导的国家；但是，也同其他国家一样，它在改变。日本改变的方式对其邻国有许多启示或借鉴意义，比如中国、韩国，因为它们也受着同样的社会因素的影响。

这些影响中最重要的是，高等教育的渐趋平等。20世纪的大部分时间，尤其是1945年高等教育扩张之后，大学基本上是男性专属的地方。女性就算能够在高中毕业后继续接受教育,大多数也只能去低等的短期大学,这样的学校只能提供两年制的教育,而不是一般日本大学典型的四年制教育。20世纪90年代至21世纪早期,这一切改变了,因为女性对自己将如何度过一生的想法改变了。同时改变的还有家庭中对女儿的教育观,大学也扩张了,工作机会也增多了。在那几十年里,18岁女孩入读四年制大学课程的比例急速追赶同龄男孩,大大缩减了原先存在的巨大差距。如今依然存在着小差距,但是已有一半的18岁女孩能进入大学,而在四十年前,这个比例只有10%—15%。

日本各类组织基本都严格遵循基于年龄的等级制,很少有人能在50岁之前进入领导层。这意味着今日的领导世代主要由20世纪80年代从大学毕业的人组成,那时受大学教育的性别差距还十分明显,35%—40%的男性读大学,女性却只有10%—15%的人可以读大学。但是从现在开始,受过大学教育的女性专业人士将逐步增多,这意味着领导层的候选人男女比例将逐步缩小。非常可能出现的情况是,直至21世纪20年代末乃至30年代,女性受任领导的比例都将持续上升。

会出现这样的局面也与另一个强大的因素有关,即日本人口的急速老龄化,以及近年的人口萎缩。在人口年龄结构的变化方面,日本比全球其他发达地区都超前,目前,28%以上的人口在65岁以上,而中国的数据是12%,美国的数据是16%。由于低生育率等因素,日本每年都减少50万以上的人口。

因此,日本的女性那一半人口能有机会实现她们真正的潜力,以各种可能的方式为国家发展做贡献的重要性,在逐年、逐月、逐周、逐日增加。因而通过教育和培训发展人力资本、有效利用人力资本,在今日尤为重要。

日本在女性赋权方面落后于许多其他国家,却在老龄化问题上遥遥领先。初看,这样的组合十分独特。但有趣的是,如果我们对比中国、日本和韩国这东亚三邻国,我们会发现十分相近的特征,无论是今日状况还是未来趋势。这意味着这三国面临着相似的挑战。但是这也意味着它们可以互相学习与借鉴。

我说的相似特征指什么呢?我们先来看看性别不平等问题。根据瑞士世界经济论坛近年的《性别差距报告》,这三个邻国在156个国家中都位于后三分之一的位置。日本排名最低,位于第120名,但是中国和韩国也没有好多少,分别位于第107和102名。中国和日本在女性担当政要方面排名靠后;韩国和日本在女性的经济参与度上排名靠后。因此,如果这三国为女性创造更为平等的环境,所能获得的潜在经济和社会效益将是巨大的。

再说老龄化问题。看看今日的形势,中国(超过65岁的人口占12%)和韩国(17%)的人口结构都比日本要年轻许多,日本的这一数字已达到28％。但是三国依然在同一条发展道路上，只不过处于不同阶段：联合国人口司预测，至2050年，中国超过65岁的人群比例将与日本目前的水平接近，达到25％—30％。而日本的数据将上升至35％—40％，韩国的数据也会往这个方向发展。而另一方面，美国社会却将保持着年轻活力，据估计，65岁以上人群将占20％—25％。这一比例比现在高，但是依然让美国在生产力和活力方面胜出东亚三国。

我想说的是，中国、日本和韩国正处于相似的发展道路上：这三国也许今日看起来不同，但它们正在逐渐接近，未来三十年内，它们会越来越相似。这三国的根本的社会经济资源都是人，三国的受教育程度和质量也位居全球前列，但又同样是在这三国，优质教育的益处被大大浪费，这源于对女性的不平等对待，及机会的不平等。

《在场：21个故事讲述日本的女性经济学》阐释了这一切的缘由，也追溯了演变的过程，涉及日本全国各个社会阶层。其中一些变化源于政府的政策，但大多数来自国民自身，是自下而上的。实际上，社会和私人组织内部的变革的影响比政策大许多，因为政府在这个问题上依然相当保守。安倍政府（2012—2020）、菅义伟政府（2020—2021）和如今的岸田政府（2021年9月至今），都曾积极赞同女性赋权，肯定投资和释放人力资本的必要性，但都在落实上不尽如人意。

因此，改革的动力依然主要来自社会自身，尤其是随着有才能的、思想独立的女性正在重要的职位特别是领导层涌现，就如本书中我采访的多位女性。在她们身后，还有庞大的年轻一代日本女性，她们热切地想要做出一番改变，她们不再像她们的母辈和祖母辈，愿意接受社会给她们安排的命运。我们且看这一代将如何在21世纪30年代和40年代改变日本；实际上，中国也存在着相似的年轻一代。有一点是肯定的：我这个英国人，这个对日本着迷的旁观者，余生都将密切关注日本的未来如何受到女性的影响。

比尔·艾默特

都柏林，爱尔兰

2022年6月

序　言

1964年，日本首次举办奥林匹克运动会，其开幕式蕴含了一个很重要但也很微妙的寓意。一位名叫坂井义则[1]的19岁男孩，举着奥林匹克火炬走完通向火炬台的160个台阶，完成了传递——坂井义则1945年8月6日生于广岛附近，正是原子弹投落到广岛的那一天。人们称他为"原子弹男孩"，这包含着双重信息：日本曾经历原子弹事件；这个曾经的战败国如今成了一个现

---

[1] Christopher Harding, *Japan Story: In Search of a Nation 1850 to the Present*（Allen Lane, 2018），257.

代的民主国家。

日本原计划于56年之后的2020年举办第二次奥运会。这一次，那一层政治寓意已不再需要。如今，基本不会再有人怀疑现代日本是一个和平、法治的民主国家。影响全球的新冠肺炎疫情迫使这届奥运会延迟一年举行，这也意味着我们要多等些时日才能知晓此次开幕式上最后一棒的火炬手——"坂井义则第二"会是谁。[1] 此次的人选依然会有很浓的象征意味。在用于开幕式筹办的《基本政策》[2]中，2020年东京奥运会组委会有如下说明："五十年或一百年之后，当人们回望2020年东京奥运会时，应将本届奥运会视为促进文化、社会以及价值观转变的催化剂，有助于增进可持续发展，改善精神文化和社会福祉。"

开幕式上最后一棒火炬手有可能是一位百岁老人，以更好地代表当今日本社会——即便届时现场可能需要电梯辅助以点燃火炬。虽然这是歌颂青春与力量的盛会，但是由一位百岁老人来点燃火炬也不失为一个好选择，因为他/她自身就代表了日本自1964年以来所经历的巨大的人口结构变化，即从一个人口年轻化的国家转变为世界上老龄化程度最深的国家——百岁以上的老人

---

[1] 坂井义则已于2014年去世，时年69岁，生前为富士电视台的记者。2020年东京奥运会最终于2021年7月23日开幕，主火炬由日美混血的日本网球运动员大坂直美点燃。——译者注

[2] https://tokyo2020.org/en/games/ceremony/concept/.

超过7万人。艺术家筱田桃红便是其中一位（她是本书第七章的受访者之一），2020年3月她过了自己的第107个生日。和其他所有高龄者一样，她的人生跨越了两届东京奥运会相隔的半个世纪。她甚至曾受托为1964年东京奥运会创作一件艺术作品，用于作为奥运场馆之一的日本国家体育馆。直至今日，她依然在进行艺术创作。

然而，和意欲展现当代日本这一简单目的相比，成为"促进文化、社会以及价值观转变的催化剂"，则是相对不同的另一种追求。2019年橄榄球世界杯比赛上，日本国家队的出场颇为激动人心。该队是一个"混合组"——本土球员、移民球员，再加上一个混血儿队长迈克尔·利奇[1]。这令人不禁猜想，作为"催化剂"象征的2020年奥运火炬手可能也会是一个混血的日本运动员，目光最后聚焦到大坂直美身上，这个有着一半日本血统、一半美籍海地血统的网球明星。不过，其种族背景特点只是一方面，更具标志性的是性别：日本多种族化的趋势并不明显，但是女性发挥的作用的确在日益增强，而这种具有象征性的"催化人物"也将进一步推进这趋势。我们已经知道，日本政府委任了女导演河濑直美（本书第七章的受访者之一）来制作2020年奥运会的官方纪录片，这也是应大势之所趋。1964年奥运会的官方纪录

---

[1] 迈克尔·利奇（Michael Leitch, 1988— ），出生于新西兰，母亲是斐济人，父亲是欧洲裔新西兰人。利奇十几岁时移居日本，2013年取得日本国籍。——译者注

片《东京奥林匹克》[1]由市川崑[2]执导，堪称经典。

东京和横滨这两座橄榄球世界杯赛事的重要承办城市也将在奥运赛事中发挥主导作用。不可否认的是，这两座城市的主政者都是女性：东京都知事小池百合子，横滨市长林文子（二人均为第七章的受访者），但是在一个仍由男性绝对主导的政坛中，她们都属于个例。不过，社会整体在发生变化，女性居高位的人数（从一个较低的基础开始）稳步上升，从大学教育中受益的年轻女性的人数，终于几乎与男性齐平。新一代的年轻人正为自己打造和母辈以及祖母辈完全不同的生活。相比其长辈，她们会对国家及其各种活动和特点产生更加明显的影响。日本将有一个女性参与度更高的未来，因此，对最后一棒火炬手的选择将是对这一趋势的高度反映，同时它也将预示着日本的信心和乐观将克服疫情对经济产生的严重影响。

未来肯定会和过去很不一样。我写日本将近四十年，在这个过程中我发现，外人通常会把日本看成一个先行者，日本的经验教训可供世界上其他地方的人参考，且经常令人获益匪浅。20世纪60年代，日本的经济发展和现代化进程非常迅猛；70年代，日本实现了环境清洁，并快速转向更高效的能源利用；80年代，日

---

[1] https://www.olympic.org/news/relive-kon-ichikawa-s-iconic-film-about-the-1964-games.
[2] 市川崑（1915—2008），日本演员、编剧、导演。——译者注

本对（男性）人力资本进行了很好的发展和利用，并开发了新技术；90年代，日本面对着自1929年以来最严重的金融危机，亟须处理全面的经济败局，此时日本的主要参考作用变成展示作为一个发达经济体，它如何在这种状况下保持社会凝聚力。正是因为这样，当二十年后欧洲和美洲国家解决各自的经济危机之时，他们又一次看向日本，希望从它身上找到避免危机进一步深化的经验。然而，日本在社会经济发展过程中，有一个方面始终不是走在最前面的，那就是性别平等，因为日本在为人数占本国人口一半的女性提供更自由的选择和更平等的权利和机会等方面，一直相对落后；现今依然如此。

性别平等问题非常重要。摆在像我这样长期研究日本的政治经济学者面前的一个常见的问题是：这样一个老龄化的社会（人口每年递减50万），它的未来将会怎样？参考先前拙著的书名[1]，我们可以提这样一个问题："21世纪20年代，日本的太阳会再次升起还是落下？"实际情况当然是，我们无法预知未来，尽管经济学家认为他们创造了"经济预测"，对自己的预判深信不疑。审视日本现状，回答这一问题的最好方式是反抛另一个问题：如果你能告诉我在职业领域，在政治、知识和组织领导力等方面，日本女性是否会获得，及将以怎样的速度获得大多数西欧

---

[1] *The Sun Also Sets*: *The Limits to Japan's Economic Power*（Simon & Schuster，1989）.

和北美国家的女性已经获得的影响力，那么我将能更好地预知日本的未来总体会是怎样的，以及那个象征或隐喻性的"太阳"会发出多强的光和热。

女性的作用这一话题，在如今的日本社会显然处于中心位置，原因在于有两个关键因素将决定这个国家未来的经济和社会状况。一个因素涉及人力资本能否得到高效利用，20世纪80年代日本在这方面表现得非常出色，那时，刚从学校毕业、具有可供运用的资本的人力主要是男性。本书第一章中将会提到，这个国家如今处于一种矛盾的境地：一方面，国民受教育程度比以前高，尤其是女性；但另一方面，大量的人员生产率并不高，相比以前的劳动者，他们得到的培训减少，困于钱少事多的苦工中。

决定日本经济和社会未来的第二个关键因素是生育率，抑或结婚率和家庭组建率。了解日本的人都知道，这个国家对儿童关爱有加，他们的成长环境可能是世界上最安全的。在日本，人们经常能看到小朋友们穿着整洁漂亮的校服，背着鲜亮的书包，没有大人带着，自己成群结队地坐公交车或火车出游。在日本，婚姻长期以来是一种珍贵的制度，精心设计的婚礼奠定了日本城镇豪华酒店的商业模式的基础，它也是神道教[1]神社运营的基础。日本不仅生育率远低于其他许多发达国家，结婚率也是如此，这

---

[1] 日本民族的固有宗教，在日本信仰人数最多，影响最大。——译者注

尤其值得关注。造成这种现状的一个主要原因是，在过去的三十年中，人们的经济不安全感逐步扩散，技能水平较低的男性尤其受影响，无法发挥其养家糊口的传统作用。

正因此，在2019年和2021年体育盛事所代表的新日本中，女性的作用变得如此重要。和在其他国家一样，性别平等在日本也会是一个令人感到不适的问题，不管这里涉及的是工作表现、家庭角色、性骚扰和性暴力、歧视、管理风格等，还是其他什么方面。对一个在男女之间长期存在明显不平等的国家来说，要在这方面取得巨大进步，那就意味着要发生很大的改变；说实在的，所有国家都在经历这种变化，而且经常遇到各种难题，只不过发展的速度和阶段不尽相同。这会涉及法律和公共政策的改变，但主要涉及的还是我们往往非常模糊地称为"文化"的东西：人与人之间的互动方式，他们建立并去适应的各种机制，以及在其中发生的那些互动，还有人们对那些互动产生的各种想法和态度。

基于这些思考，本书分为三个部分：第一部分分析与日本的社会经济发展及女性在其中所起的作用相关的数据、公共政策和制度；第二部分是田野调查，收录了在各自的特定领域取得成功的21位女性的采访，以不同的主题分类；第三部分是一些总结性意见和建议。

致　谢

写本书的想法萌发于一艘穿越峡湾的挪威游轮上,当时我和妻子正在那里度假,我们偶然遇到两位日本女士。与她们在旅途中聊天时,我们了解到同行者为母女,女儿平田伦子在东京市中心的日本桥[1]拥有一家艺术画廊。当被问及她代理哪类艺术家时,她回答说,她最优秀的客户之一是一位103岁的女性抽象艺术家,名叫筱田桃红,她近期刚出版了一本书,销量超50万册。

---

[1] 作为地名,"日本桥"指东京都中央区北部日本桥一带的片区,是有名的金融商业区。——译者注

这好像是个了不起的女性，我立刻有了采访兴趣。我的妻子在一旁顺势给我打气："你还没正式采访过日本女性，不是吗？""何不在你下一本书中专门谈谈日本女性啊？"

这是个好主意。帮助我把这个想法落实成书的人中，当居首功的是大野木恭子，她是一位研究者，20世纪80年代我在位于被称为"外人角"（gaijin corner）[1]的大手町的日经[2]旧楼里工作时认识了她，当时我们供职于不同的外媒。大野木帮助我找到并采访了本书第二部分中的21个"成功故事"的主人公，提供了非常宝贵的研究信息，帮忙日语口笔译，并最终核实了各类事实。

女性专家是我了解相关信息和理解现状的重要来源，因为很明显的是，在日本的性别不平等问题上，男性不一定是可靠或特别认真的观察者。特别感谢昭和女子大学的校长、女性赋权的伟大倡导者——坂东真理子；感谢我的好朋友大泽真知子，即日本女子大学女性与职业研究中心的主任；感谢博报堂生活综合研究所前所长藤原麻里子，她是我在20世纪80年代做驻日外国记者时少数可以交谈的职业女性之一。感谢NHK电视台的多田爱子和《读卖新闻》的饭塚惠子等记者朋友，我从和她们的沟通中产生

---

[1] 日语的"外人"（gaijin）有"外国人"之意。——译者注
[2] 东京的大手町是国际金融、信息通信、媒体等领域的企业办公楼集中的街区。日经集团以日本经济新闻社为核心，《日本经济新闻》在日本乃至全世界都极具影响力。——译者注

了许多想法；感谢大和研究所的菅野沙织，她与一些女性专业人员一起举办了一次内容丰富的午餐会；感谢我多年的朋友山下优子，她是一桥大学的市场营销教授和该校女性校友会"赫尔墨斯俱乐部"的召集人，她组织了一次圆桌会议，讨论第二章中所提到的校友调查。此外，由于前面提到的那次偶遇，我必须特别感谢平田伦子，她鼓励我去拜访筱田桃红，并安排我们会面。当然，我也要特别感谢本书第二部分中的所有21位女性，她们百忙之中抽出时间，向我讲述她们的故事，分享她们的想法。我也感谢因本书而交谈过的其他所有人。

在写作的最后阶段，为了确认我的观点是立得住的，我拜访了两位在这个话题上相当有名的女性专家，她们都提供了很重要的指导。一位是高盛的松井凯西（Kathy Matsui），她因在关于日本性别平等的五篇研究中普及了"女性经济学"（Womenomics）这一术语而闻名；另一位是女性独立董事中的佼佼者——福岛咲江，她一直在日本经济团体联合会和经济同友会[1]中深度致力于性别多样性问题。

本书研究的一个关键部分是我于2017—2018学年在牛津大学

---

[1] 日本经济团体联合会(简称"经团联")、日本经济同友会和日本商工会议所是日本三大财界组织。日本经团联是日本最重要和影响最大的综合经济团体，其会长素有日本"财界总理"之称，对日本的政治、经济都有巨大的影响。——译者注

万灵学院做访问学者期间完成的。感谢院长约翰·维克斯（John Vickers）和其他教职人员，因为他们，我在万灵学院度过了富有成效和活力的一年。牛津大学圣安东尼学院的日产日本研究所曾盛情邀请我在2018年10月举办一次研讨会，我因而得以在会上预先分享了我在本书中的一些思考和研究。东京大学也于2019年5月邀请我成为他们的新研究机构——东京学院的"潮田研究员"（Ushioda Fellow），并邀请我就本书做公开讲座。

对于本书的出版，我感谢我的长期日本代理人玉置奈美和她在东京Tuttle-Mori版权代理公司的同事；感谢我在牛津的朋友费利西蒂·布莱恩（Felicity Bryan），布莱恩将我介绍给牛津大学出版社的相关人员和亚当·斯沃洛（Adam Swallow）。斯沃洛作为这个项目的组稿编辑，高效细致地完成了本书英文版的整个出版流程。川上纯子是本书日文版的译者，她指出了原稿中的一些错讹和不妥之处，并给了我很多鼓励。我在《经济学人》工作时的两位前同事克里斯托弗·威尔逊（Christopher Wilson）和亚当·米拉（Adam Meara）提供了相关数据，并绘制了14幅图表。

一如惯例，本书以及围绕本书的思考若有遗漏、错讹或不妥之处，将由作者全权负责。

目 录

第一部分 人力资本与日本脆弱性的源头

3　第一章　平成时代的遗产
41　第二章　女性闪耀之地?

第二部分 成功故事

77　第三章　具有社群精神的个人：马场加奈子，石坂典子，及川秀子
97　第四章　男性世界中的女性领导力：河野奈保，樋口宏江，寺田千代乃
117　第五章　新的尝试：东光厚子，林千晶，御手洗瑞子，中村纪子
139　第六章　闪耀政坛：小池百合子，国谷裕子，林文子
159　第七章　创作艺术，诠释生活：筱田桃红，西本智实，河濑直美
173　第八章　代表日本，捍卫人权：三好真理，长有纪枝
189　第九章　发现，发展，教育：黑田玲子，河合江理子，小川理子

第三部分 结论和建议

213　第十章　任重而道远

图表目录

1.1	日本人口年龄和性别分布（1955）	15
1.2	日本人口年龄和性别分布（1985）	15
1.3	日本人口年龄和性别分布（2005）	16
1.4	日本人口年龄和性别分布（2015）	16
1.5	（部分国家）65岁以上的就业人口（2018）	19
1.6	日本正规就业与非正规就业（1990—2018）	20
1.7	（部分国家）实际人均GDP增长（1960—1989）	21
1.8	（部分国家）实际人均GDP增长（1990—2018）	22
1.9	（部分国家）实际人均GDP增长（2008—2018）	25
1.10	50岁未曾结婚的男女人口占比（1990—2015）	30
1.11	（部分国家）生育率（1990—2020）	31
1.12	15—64岁女性的就业率（2000—2017）	34
1.13	日本就业人口（1990—2018）	35
1.14	18岁大学新生性别比例（1970—2017）	37
2.1	女性不同年龄段的劳动参与率（1975）	60
2.2	女性不同年龄段的劳动参与率（2015）	60

第一部分

人力资本与
日本脆弱性的源头

★

第一章

平成时代的遗产

就全世界范围来讲,1989年是很重要的一年。波兰的团结工会在首次选举中赢得了绝对胜利,波兰自此开始走上脱离苏联而独立的道路,此次选举的胜利也引发了一系列连锁反应:苏维埃集团内其他加盟国纷纷进行了基本上和平的革命,苏联自身于一年半之后终结。柏林墙倒塌,西德和东德之间的边界得以打通,德国于次年走上了重新统一的道路。毫不夸张地说,这是划时代的一年,未来有好有坏。

那年也是日本历史上发生重大转折的一年,不过变化的方式非常不一样,且在道德上更加中性。这一年年初,裕仁天皇于在位62年之后的1月7日去世。这意味着，从官方意义上来说，日本历史有了新的开端：昭和时代（及其纪年）就此结束，次日便迎来裕仁天皇的长子（即明仁天皇）即位，年号"平成"（寓意"天下和平"）。不过，在非官方意义上，1989年还标志着另一个转折点，即该年成为所谓经济发展和繁荣的黄金时代的最后一年，因为紧随其后的是众所周知的"泡沫时代"或"泡沫经济"。日本社会从黄金时代转向需要面对金融、经济和社会等多方面压力的时期，以致日本国内和国际对日本如何运行的看法都产生了巨大变化，对这个国家赖以发展的极具日本特色的制度、文化和结构都产生了怀疑。这打破了人们关于发展政策的一直以来的一些看法：哪些是行之有效的，哪些虽暂时无效，但也助力制度和特色做法上了一个新的轨道。在2008年美国和诸多西欧国家的那场金融崩溃之前，日本1990—1992年的金融危机可以算是发达国家自1929年以来遭遇的最严重的一次。

泡沫的破灭对现代日本来说也是非常"不日本"的：骤然巨变，震惊全球。或许是因为20世纪上半叶那样的动荡，日本发展出了一种似乎是专门用来避免巨变和重大事件的政治和企业文化。这一特点让热衷贴标签的外国记者和历史学家十分为难。但这也揭示了，对记者和学者来说，能解释事件并不算真本事，他们需要发现和分析在电视摄像机视线之外，在表面之下逐渐发生的变化。随着明仁天皇于2019年5月退位，其子德仁继位，用于过去三十年的纪年正式结束。平成时期就此落幕，德仁的年号被正式定为"令和"，即"气淑风和"之意。这为我们提供了一个标记和一个非常合适的时间框架，去发现和分析政治、经济或社会方面的变化。

如果你只关心政治头条，你有这样的想法是合情合理的：除了中国取代日本成为世界上经济增长最快的国家，西方在贸易和政治上为难日本之外，平成时期实际上没发生什么变化。毕竟，自民党如今仍然牢牢掌权，一如其在1955年至1989年期间，只是在平成年间的三年（2009—2012）没有执政，尽管该党的权力在其他时候也受到削弱，需要通过联合别的政党一起执政。《美日安保条约》自1951年最初签署以来，一直是日本外交、国防和安全方面的主要政策，20世纪80年代罗纳德·里根总统和中曾根康弘首相之间亲密的"高尔夫外交"关系，被安倍晋三和唐纳德·特朗普之间更亲密的"唐-晋三"（Don-Shinzo）关系所取代，尽管自2016年11月特朗普当选总统以来，较少有人用这个简称来指代安倍对特朗普表现出的"迷弟"般的关注。苏联解体使俄罗斯从一个长期的威胁变成了一个潜在的谈判伙伴，因为苏联自1945年以来控制着千岛群岛[1]南端四个以前由日本控制的岛屿，但日俄没有达成解决方案。

---

[1] 千岛群岛位于俄罗斯远东堪察加半岛与日本北海道岛之间，将西北太平洋和鄂霍次克海分隔开来。——译者注

一个国家的外交和安全政策是历史和地理的产物,除非大国的地缘政治关系在全球范围内发生变化,迫使其他国家和地区重新定位,不然,就算过去三十年,它们也不会真的发生明显变化。但社会和经济是另一码事。平成时期数十年,日本的社会和经济发生了巨大变化,而这些变化又反过来改变了这个国家的一些主要制度(包括正式的和非正式的)。这些变化和演变构成了本书的基本背景和出发点,因为日本社会和经济在平成时期的变化方式,对该国在未来几十年的发展也会产生影响。本书的目的是衡量哪些因素可能会影响未来几十年的发展,特别是性别平等和女性在社会、经济和政治中的作用问题;在这个问题上,日本与其他发达国家明显不同。

20世纪80年代是昭和时代的最后十年,从某种意义上说,这个时代是由一本美国人写的书开启的,作者是哈佛大学社会学教授傅高义(Ezra Vogel),书名讨人喜欢且有迷惑性——"日本第一"[1],这本书的日译本自然成了畅销书。我与日本的渊源始于1983年,当时《经济学人》决定派我到日本担任东京办事处的记者。当然,傅高义教授的书是我前期准备中首先要读的书之一,但另一位美国学者查默斯·约翰逊(Chalmers Johnson)

---

[1] Ezra F. Vogel, *Japan as Number One: Lessons for America* (Harvard University Press, 1979).

的研究[1]让我了解到这样一种观点：由权力强大的通商产业省（MITI）领导的日本官僚，在指导工业发展和创新方面发挥了核心作用，特别是面对20世纪70年代初油价急剧上涨和日元被迫重新估值的双重"冲击"所做的成功调整。英国学者罗纳德·多尔（Ronald Dore）的著作[2]告诉我，自罢工频发的20世纪50年代和60年代初以来，日本逐渐出现了和平与合作的劳资关系，制造业企业得以开发出高效创新的工厂管理和组织方法，这后来发展成为著名的"实时"（just-in-time）供应链和持续改进（kaizen）系统。在我任职东京期间，让我对日本的政治经济有了更多的了解的，还有美国商业顾问詹姆斯·阿贝格伦（James Abegglen）和乔治·斯托克（George Stalk）于1985年撰写的一篇意义深远的研究报告，它探讨了日本公司如何将这些方法转化为举世瞩目的成功模式——会社（kaisha，公司）[3]。

那个时候，刚来日本定居的人很快就会注意到，日本是一个高度父权制的社会，婚姻往往是包办的，且离婚很少，因为女性的就业机会极有限，而且工资很低，离婚后，她们在经济上将无

---

[1] Chalmers A. Johnson, *MITI and the Japanese Miracle: The Growth of Industrial Policy, 1925-75* (Stanford University Press, 1982).

[2] Ronald Dore, *British Factory, Japanese Factory* (Allen & Unwin, 1973).

[3] James C. Abegglen and George Stalk Jr, *Kaisha: How Marketing, Money and Manpower Strategy, Not Management Style, Make the Japanese World-Beaters* (Basic Books, 1985).

以为继。在这个社会,一流的小学和中学教育系统让男性获得较高的算术和识字水平,让他们能够抓牢"终生"就业的机会,在此期间,公司会对他们进行必要的专项技能培训。传统女性,也就是财务分析师惯称的"渡边夫人"(Mrs Watanabe),让人觉得就是负责处理家庭预算和家庭可能负担得起的任何证券投资的。她可能高中毕业后读了两年制的大专,课程通常包括家政学,但她很难被正规的四年制大学录取,更可能的情形是父母根本不允许她申请大学;而且即使她被录取了,毕业后被大公司雇用的机会也不大。女性的就业情况呈现出明显的 M 型曲线,即大量女性在二十多岁或三十多岁时结婚并辞职——甚至被要求辞职,其中一些人后来去从事兼职工作。在缺乏石油、天然气和稀有金属的情况下,人力资本已经被视为日本唯一的真正的资源,而且这个国家已经证明了它善于通过组织良好、相当平等主义色彩的教育系统和内部企业培训来发展和培育人力资本,但这些只适用于男性。[1]日本仅在1985年通过了第一部尝试为女性提供平等就业机会的法律,此后再无相关立法。

由于1979年爆发伊朗革命,20世纪80年代油价开始上涨(短短六年内的第二次上涨),这突然提高了日本工业的投入成本,但出口企业再次证明他们善于迅速恢复竞争力,以至于日本的国

---

[1] Miyazawa Kensuke, *Measuring Human Capital in Japan*, RIETI Discussion Paper Series 11-E-037 (2011).

际收支盈余迅速恢复,尤其是与当时最大的贸易伙伴美国的双边盈余。这种长期的巨额顺差,在美国经济和金融极度紧张的情况下,使两国之间产生了一连串的"贸易摩擦",在此期间,日本被迫接受在几个领域对美国出口的"自愿"限制,并耐心听取美国的要求——进行国内改革以进一步开放市场。哈雷-戴维森(Harley-Davidson)摩托车公司成为针对日本进口的特别保护政策[1]的一个重要受益者。1987年,美国国会议员在国会大厦的草坪上砸碎了一台东芝收音机(当然是为了电视摄像机方面的利益),这个噱头在随后的几年里也如法炮制地应用于其他日本产品上。[2] 负责部分谈判的美国副贸易代表是一位名叫罗伯特·E.莱特希泽(Robert E. Lighthizer)的律师,三十年后,他作为唐纳德·特朗普总统的美国贸易代表重返公职,处理与中国之间的类似谈判,涉及非常类似的问题。在政治上,这是不平顺的十年,因为与日本最亲密的盟友——美国的关系被那些所谓的摩擦所主导。但在经济上,这是一个黄金时代,在此期间,日本似乎变得越来越强大,特别是与美国和西欧国家相比。

在这个黄金时代,在日元升值的辅助下,衡量日本个人财富

---

[1] Kitano Taiju and Ohashi Hiroshi, *Did US Safeguard Resuscitate Harley-Davidson in the 1980s?*, RIETI discussion paper series 07-E-26 (2007): https://www.rieti.go.jp/jp/publications/dp/07e026.pdf.

[2] https://www.washingtonpost.com/archive/opinions/1992/03/08/hammering-americas-image/bdd81faa-7f68-407e-afb9-dbc96baa718a/.

的统计指标，即人均国内生产总值（GDP），于1987年超过了美国。这是日本的公司利用强势货币和宽松借贷条件在美国购买标志性资产的一个时代，包括两家好莱坞制片厂、凡士通轮胎公司、加利福尼亚的圆石滩高尔夫球场和纽约的洛克菲勒中心办公楼，日本变身为一个资本输出大国，仿佛能买下整个世界。在这个时代，祖祖辈辈谨慎消费的东京人变得很招摇，著名的例子是餐厅推出在饭上撒金箔的菜肴，以及较富裕的郊区突然遍布豪华外国汽车，如宝马、奔驰和法拉利。日本股票和房地产的投资者似乎找到了一种毫不费力的赚钱方式。大众文化也反映了这一点：在伊丹十三的讽刺电影《查之女》[1]中，影片主角女税务员在她调查的逃税者家中的墙里发现了藏匿的金条。

然而，日本银行（Bank of Japan）在1989年年中确定了情况已经危险到无法控制，这个充斥着不费吹灰之力就能赚钱的黄金时代就此结束。为了重新掌握控制权，中央银行在随后的一年里五次提高利率，收紧货币政策，这反过来又导致了股票和房地产市场的意外崩溃，这种崩溃始于1990年的第一个交易日，成为自1929年以来在富裕的工业化经济体中出现的最严重的金融崩

---

[1] 《查之女》由伊丹十三导演（1987）；https://www.imdb.com/title/tt0093502。财富（尤其是不义之财）是伊丹电影中的常见主题，从《葬礼》（1984）中那个拥有劳斯莱斯轿车的和尚到《民暴之女》（1992）中的黑社会都有所体现。——原注
伊丹十三（1933—1997），日本电影演员、导演，此处提到的由其编剧并导演的《查之女》另有中译名"女税务官"。——译者注

溃——直到被2008年的金融危机超越。一个以前看起来战无不胜、无所不能,甚至其借贷行为被认为是保守的银行系统,结果却是那样马虎,部分资本竟受制于当时不断下跌的股票价格。泡沫确实已经破灭了。

关于当时所谓的"后泡沫时代"(post-bubble era)是否已经真正结束,还有争论的余地,不过任何长达三十年的标签肯定已经开始失去最初的意义,更何况它指涉的是事件发生后的年月,而非某种特征。另一个流行的标签"失去的几十年"(the lost decades)的意义也是相当空洞的,因为这几十年真切地度过了,而且发生了很多事情,这也包括相当程度的经济增长。思考这个时期更有效的一个方法是看到,在长达15年的时间里,占主导地位的经济力量是1990年金融危机造成的财政压力,尽管其他力量也在发挥作用,如来自中国、印度等新兴经济体的新的全球竞争,以及信息和通信行业技术变革进程的加快。后来,尽管直到今天仍然可以看到财政压力和调整的后果,但其他因素的影响越来越大,包括人口变化。回过头来看,金融危机的影响的持续时间和程度是惊人的,过了许久才被其他影响取代。

表面上,所发生的事情是政策制定者和许多私营公司在五年多的时间里,都试图蒙混过关,希望股票和房地产市场最终会复苏,拯救那些深陷泥潭的债权人和债务人,包括银行、公司和个人。这种一厢情愿的考虑最终是破坏性的,它(或许永久性地）摧毁了日本政府官僚此前那颇有远见的（甚至是无所不知的）国家利益守护者的形象。然后，在对现实的长期否认之后，现实最终泼出一盆冰冷的水：银行存款被挤兑，这个国家最大的几个金融机构几乎崩溃。山一证券和北海道拓殖银行等响亮的名字在破产后消失了（都发生在1997年），而其他公司，包括曾经很强大的日本产业银行，则在合并后消失了（2002年，它与第一劝业银行和富士银行合并成了现在的瑞穗金融集团），在政府迟疑的银行系统整肃中，它们不得不这样做。尽管做了这些努力，但是政府不愿意迫使企业破产和承认亏损，再加上在日本银行的扩张性货币政策帮助下，官方利率恢复到低水平（很快为零），许多没有生产力的中小型企业得以继续生存，而这些企业被称为"僵尸企业"[1]，阻碍了调整和恢复的进程。金融系统得到了拯救，但对更广泛的企业系统的损害却一直存在。后来发现，一些大企业想尽办法采用各种会计欺诈手段，企图掩盖亏损并保持业绩表面光鲜，甚至几十年如此。最臭名昭著的案例是医疗设备和相机公司奥林巴斯，其欺诈行为在2011年被曝光，[2]而东芝这一巨型工业和消费电子集团，也在

---

[1] Alan Ahearne and Shinada Naoki, *Zombie Firms and Economic Stagnation in Japan*, Institute of Economic Research, Hitotsubashi University, Hi-Stat Discussion Paper Series (2005): 2.10.1007/s10368-005-0041-1.

[2] Michael Woodford, *Exposure: Inside the Olympus Scandal* (Portfolio, 2012).

2015年被曝光[1]。

在这表面之下,又发生了什么呢?简言之,主要的情况是,在平成的这三十年里,日本变得更"老",经济增长变得更慢,因为生产力的增长也放缓了,国民在经济上感到更不安全,他们也感到更不平等;同时,高等教育和劳动力中有更多女性参与。

✦ ✦ ✦

1989年至2019年间发生的第一个变化,也是最重大、最令人吃惊的变化,便是日本国家人口结构的转变;尽管这个变化不难预测且被广泛预测,至少在大方向上如此。由于战后巨大的"婴儿潮",从20世纪50年代到70年代,日本都还有着相当年轻的人口,如今却转变成世界上人口老龄化最严重的国家之一——在发达大国中无疑是最严重的那一个。从1945年到1989年间,日本人口增长了超过70%(从7100万增长到1.23亿),自2010年人口数量达到顶峰的1.28亿后,每年人口变化呈下降的趋势,且这种趋势似乎将持续下去。截至2019年,日本人口的年下降幅度略超过50万人。[2]

---

[1] Misawa Mitsuru, *The Toshiba Accounting Scandal: How Corporate Governance Failed*, Asia Case Research Centre, reference 316-0417-1(2016).

[2] *Nippon.com*,27 December 2019:https://www.nippon.com/en/japan-data/h00624/japan-sees-record-population-decline-in-2019-as-deaths-exceed-births-by-more-than-500-000.html.

这种变化用两个极端的情况可以得到最好的说明。在20世纪80年代末昭和时代即将结束时，只有大约300万日本人超过80岁，而大约3500万日本人的年龄不到20岁。现在，80岁以上的人有1000多万，20岁以下的人只有大约2500万。1989年，约有2700名日本人超过100岁。到2019年，百岁老人的数量已经增长到7万多人，其中90%是女性。[1]这相当于世界上百岁老人总数的五分之一，其相对于总人口的比例是世界上最高的（即每一万人中有4.8人超过100岁）。意大利是唯一的百岁老人占比与日本接近的大国。

原因现在已经广为人知了：日本平均预期寿命接近86岁，这在世界范围内是最长寿的；1.45的出生率虽然远非全球最低，但远远低于2.1的人口替代率[2]。鉴于日本战后"婴儿潮"的规模，以及20世纪90年代明显的出生率下降，这种人口趋势是很容易预见的，除非发生战争这样的灾难。此外，在很大程度上，公共和私人养老金计划确实对这一趋势进行了规划，即便出生率和死亡率都无法准确预测。没有预测到的是经济环境的恶化及其对公共财政的影响，而非人口状况。1955年至2015年间的迅猛变化，请参见图1.1、1.2、1.3和1.4。

1　*Nippon.com*，2019年9月18日，报告数据源自厚生劳动省网站：https://www.nippon.com/en/japan-data/h00540/japan's-centenarian-population-tops-70-000.html。

2　人口替代率（replacement rate），指一个国家或某个区域为了维持人口规模不变所需要的生育率（fertility rate），即出生人数与死亡人数达到某种相对的平衡，根据联合国的推算，标准的人口替代率为2.1。——译者注

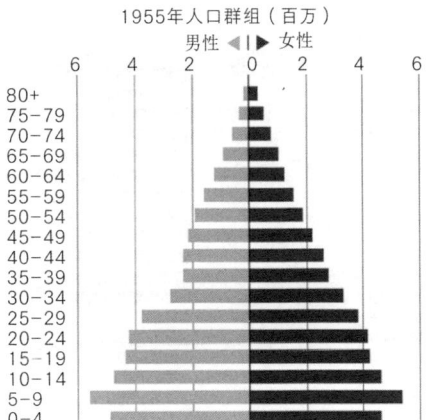

图1.1 日本人口年龄和性别分布（1955）
资料来源：联合国人口司

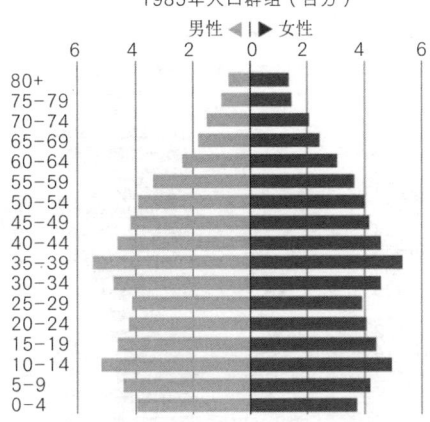

图1.2 日本人口年龄和性别分布（1985）
资料来源：联合国人口司

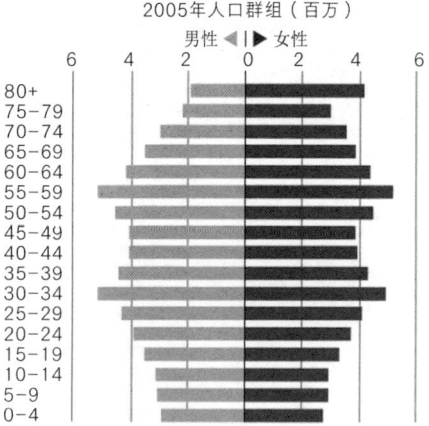

图1.3 日本人口年龄和性别分布（2005）
资料来源：联合国人口司

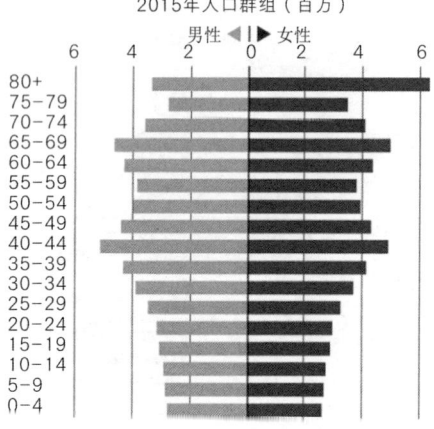

图1.4 日本人口年龄和性别分布（2015）
资料来源：联合国人口司

如图所示，1955年人口中所占人数最多的是30岁以下的人群；30年后的1985年，40岁以下的人群占了大多数。再过30年，到了今天，40岁以上的人，尤其是40至65岁的人最多，因此他们也是最有影响力的选民。自然的，这样一个占主导地位的年龄段的人群对制度或机构变革的态度也相当保守，因为他们正处于工作和挣钱的黄金时期，所以在任何资源和权力的再分配中都会遭受最大的损失。

在人口方面最大的惊喜也许是极老者人数的增加，这源自健康饮食和新的保健技术的不可预测的长期影响。1989年，东京白梅女子学院老年学研究所所长发表了一篇论文[1]，预测2000年日本百岁老人的数量将达到5400人，比1989年可能翻一番，但结果实际人数是13000人[2]，在短短十年内翻了两番多，随后又翻了两番多，到2019年，极老者总人数超过70000。

日本人口结构的这种转变是一种成功而非失败的表现，它体现出良好的饮食和医疗保健水平，过去的经济增长（到目前为止）能够提供足够的税收和企业利润来支付由此产生的养老金和医疗保健费用。日本巨大的公共债务一定程度上给这种乐观的说

---

[1] Hishinuma Shigekazu, *Centenarians in Japan: An Overview*, *Journal of Insurance Medicine*, 21.3（1989）.

[2] Jean-Marie Robine and Saito Yasuhiko, "Survival beyond Age 100: The Case of Japan", *Population and Development Review*, Vol 29（2003）.

法泼了些冷水，因为近些年的经济增长带来的个人或企业所得的增长，其增速不足以产生必需的税收收入，以便减轻债务。但我们将看到，债务很容易通过新的借贷和日本银行印钱来融资解决，所以养老金和医疗系统都没有受到严重的、持续的威胁。老龄化社会带来的更为尴尬的后果是对企业劳动成本的影响。在典型的日本企业中，薪酬和晋升与年龄和资历挂钩，因此，随着雇员平均年龄的增长，工资成本也在增加。这反过来又鼓励企业保留60岁的强制退休年龄，即使健康的预期寿命水平已经上升：根据经合组织的统计[1]，80%的企业坚持这一退休年龄，这类企业数量在过去十年中只下降了10个百分点。

与其他一些发达国家不同的是，这并不意味着日本的老年人就此无所事事了。日本是世界上65岁以上人口劳动参与率最高的国家之一。2018年，所有65岁以上的人中有近1/4的人还在工作（见图1.5），这一比例比意大利或法国的高5倍多。这无疑对他们的健康有利，同时也意味着他们会继续缴税。然而，几乎所有这些老年工作者都是兼职或短期合同工，他们在60岁时被迫从安稳的长聘工作岗位退休。这往往意味着，他们退休后所从事的工作是大材小用的，他们也不太有机会接受进一步的培训。

1　*OECD Survey of Japan 2019*，fig. 21.

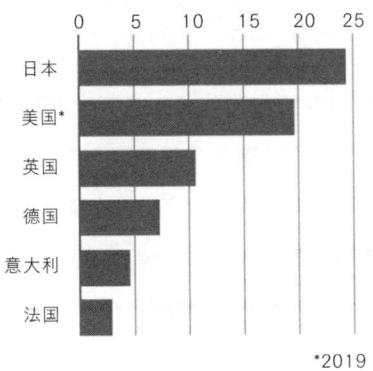

图1.5 （部分国家）65岁以上的就业人口（2018）
资料来源：欧盟统计局；日本国家统计局

雇用65岁以上劳动者的直接影响是，雇主降低劳动力成本，以能够继续运行基于资历和年龄的工资标准。然而，这也造成了一个更广泛的、弊大于利的情况：国家人力资本的利用不足和长期侵蚀。以非全职和短期合同就业的人口比例越高，不充分就业的程度就越大（就教育和技能水平，以及所需的工作量和种类而言），就越难提高生产力和平均收入。老年人就业并不是平成时代对日本人力资本侵蚀的最大因素[1]，但它是最新的因素。

---

1 *OECD Survey of Japan 2019*, ch. 1 "Labour Market Reform to Cope with a Shrinking and Ageing Population", p. 110.

✦ ✦ ✦

高度分化的劳动力市场的出现是平成时代最重要的变化之一。1990年,大约80%的雇员享有安定的长期合同,只有20%的雇员持短期和兼职合同(见图1.6)。三十年后,长期合同的比例已经下降到略高于60%,短期和兼职合同工的比例几乎翻了一番,达到近40%。这种不安全感的上升和对人力资本的侵蚀拉低了工资水平,从而拉低了家庭收入和消费的增长。而且,它对人们——特别是技能水平较低的人——的结婚生子的能力或意愿产生了负面影响,从而产生了一连串社会效应。

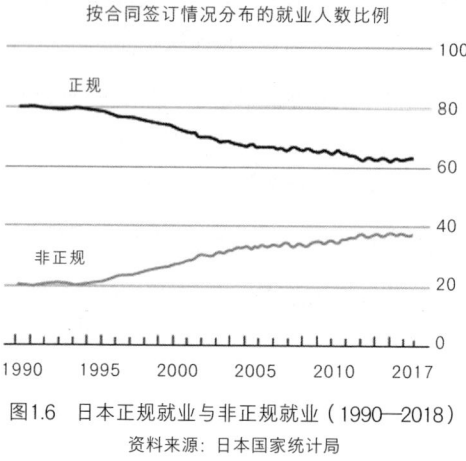

图1.6 日本正规就业与非正规就业(1990—2018)
资料来源:日本国家统计局

鉴于直到20世纪90年代,日本企业都以对员工的长期承诺以及企业相应地期望员工忠诚并服从而闻名,这种情况算得上是剧变。被称为"终生雇用"的做法并没有消失,[1]改变是循序渐进的,但最终发生了相当大的转变。为了理解这种发展,需要将其放在日本在平成时代之前和其间的整体经济表现中去看。1990年经济和金融泡沫的破灭代表了日本经济轨迹的明显转变。从1960年到1990年的三十年间,日本人的生活水平提高,以人均GDP来衡量,日本是富裕的工业化国家中该指数增长最快的(见图1.7)。

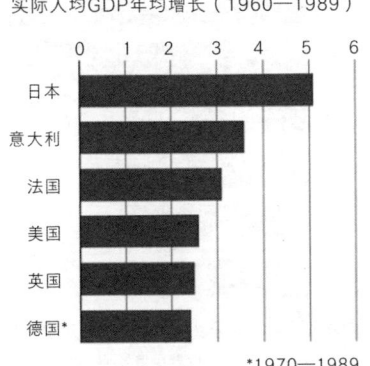

图1.7 (部分国家)实际人均 GDP 增长(1960—1989)
资料来源:世界银行

---

[1] *OECD Survey of Japan 2019*,ch. 1,p. 77.

然而，平成三十年来，日本失去了其"世界冠军"的地位。尽管1990—2018年所有富裕国家的增长都比战后几十年的要缓慢，但日本的人均GDP年平均增长率在排名中下滑，日本虽仍排在意大利前面，却落到了美国、英国、法国和德国之后（见图1.8）。这种表现比上述的"失去的几十年"标签所暗示的要好得多，但它仍然意味着，相比过去，日本这几十年的发展是微不足道的，这一切始于1990年开始的金融危机。

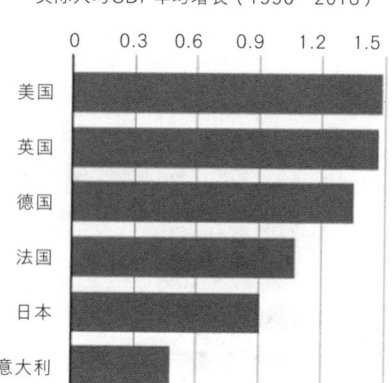

图1.8 （部分国家）实际人均GDP增长（1990—2018）
资料来源：国际货币基金组织《世界经济展望》数据库（2019年4月）

那次金融危机之后，日本从未发生过大规模的失业。与欧洲或美国在2008年经济危机后或早先的经济衰退期相比，日本在20世纪90年代或21世纪初从未出现大幅裁员的情况。

平成初期的失业率略高于2%，2002—2003年达到高峰，接近5.5%，2009年西方金融危机后再次达到高峰。相比之下，2010年美国的失业率峰值达到了9.6%。在许多欧盟国家，失业率上升得更快。在2019年即将结束时，日本的失业率为2.2%，与平成时代初期大致相同。2020年新冠肺炎疫情对经济造成影响，将再次大幅提高失业率，但怎样也不会达到美国和欧盟的水平。

日本经济泡沫破裂后发生的事情，可以被称作痛苦的社会化或调整（socialization of pain or adjustment），或者说是痛苦的社会分散（social dispersion of pain）。雇主的应对方式是削减奖金和加班费，接着是减薪，并放缓招聘，再是"冻结"招聘，而不是大规模解雇。这就是后来的二元劳动力市场的起源，它分为两部分，一部分为长期员工、正式员工、全职员工，另一部分为统计学家所谓的非正式员工，即那些兼职和持临时合同的员工或由机构派遣给雇主的员工。劳动法规的放宽使公司能够以非正式条件雇用更多类型的员工。

由于新的招聘冻结了（据称一些企业已经冻结招聘长达十年左右，即从1993年到2004年），那些不幸在这一时期从高中和大学毕业的年轻人，成了非正式员工中较大的一部分，媒体将其称为"就业冰河期世代"，其中包含了大约2300万生于1970年至

1982年之间的人。[1]并非所有这些人都必须进入非正式工作岗位——而且当时大多数女性无论如何都不会期望获得长期工作——但那些人发现，就算经济开始好转，他们也很难转入长期合同关系。典型的日本就业体系就像一个梯子（或者比作"自动扶梯"更合适）：如果你一开始没上去，以后就很难再爬上去了。

这种共同的牺牲或共同的调整无疑是社会稳定的一个来源。或者可以说，日本战后（或至少在1960年后，即一波暴力罢工和抗议停止后）[2]的社会稳定，使这种痛苦的社会化成为可能。但它明显加剧了贫困和不平等：根据经合组织的统计，16%的家庭生活在相对贫困中（定义为可支配收入低于全国中位数的50%），这远远高于经合组织成员国的平均水平。[3]此外，自1997年以来，这一"相对贫困线"按实际价值计算已经降低了15%。不过，从2008年到2018年，日本经济表现确实有一些改善，特别是相对于其他富裕的工业化国家（见图1.9）。而且2008—2018年的平均水平受到2011年的地震和海啸的短期经济影

1　*Nikkei Asian Review*，3 August 2019：https://asia.nikkei.com/Spotlight/Comment/Nightmare-2040-Japan-s-lost-generation.

2　1960年，三井矿业位于九州的三池煤矿举行罢工，几万名矿工和警察甚至黑帮之间发生了暴力冲突，这次事件通常被视为转折点，见 John Price, *The 1960 Miike Coal Mine Dispute: Turning Point for Adversarial Unionism in Japan?*，1991 Bulletin of Concerned Asian Scholars：https://doi.org/10.1080/14672715.1001.10413141。

3　*OECD Survey of Japan 2017*，pp. 35，78，112.

响而降低——这次地震和海啸造成18000多人死亡或（官方统计的）失踪，并且福岛第一核电站发生了骇人的熔毁。

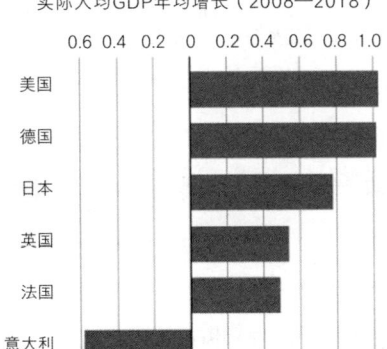

图1.9 （部分国家）实际人均GDP增长（2008—2018）
资料来源：国际货币基金组织《世界经济展望》数据库（2019年4月）

因此，日本可以说安然渡过了这场巨大的金融崩溃，但它还是发生了明显的变化。在经济政策和金融机构方面，最大的或者至少是最引人注目的变化是，日本银行的角色和行为几乎完全逆转了。日本银行通过大幅提高利率来实施惩戒，引发了1990年的金融风暴。日本政府紧跟国际形势，随后在1997年修订针对日本银行的法律，赋予中央银行正式的独立性。[1] 在20世纪90年代和

---

[1] Jennifer Holt Dwyer, *Explaining Central Bank Reform in Japan*, Social Science Japan Journal 7.2（2004），pp. 245-62；www.jstor.org/stable/30209491.

21世纪初,中央银行经常对政府施加压力,以实施经济改革。然而,自2013年以来,新当选的首相安倍晋三撤下当时的中央银行行长白川方明,换上前财政部高级官员黑田东彦后,中央银行实际上一直在印钞,以直接为政府支出提供资金,这与人们认为的"独立"的含义完全相反。日本喊着"安倍经济学"(Abenomics)的政治口号射出了首相安倍所说的"三支箭",即财政刺激、货币扩张和有限的"亲市场"结构改革计划——货币扩张完成了大部分繁重的工作。

尽管自2008年金融危机以来,各大中央银行都采取了扩张性货币政策,但迄今为止,日本银行走得最远。到2018年底,美国联邦储备委员会资产负债表上的资产总额占国内生产总值的20%,欧洲中央银行的相应数字是欧元区国内生产总值的40%,而日本银行的数字是100%。这种努力使日本的巨额公共债务既可以负担得起,又似乎是低风险的——以总额计算,1991年至2018年期间,日本政府总债务从占国内生产总值的60%上升到226%,[1] 日本很容易就成为富国中负债最多的国家。2013年,中央银行持有10%的未偿还日本政府债券(JGBs);2019年,其持有量接近50%。[2] 它还成为日本股票的两个最大拥有者之一,到

1　*OECD Survey of Japan 2019*,"Key Policy Insights",pp. 21 and 33.
2　https://www. reuters. com/article/japan-bonds-boj/rpt-graphic-boj-jgb-buying-lowest-under-kuroda-in-march-as-easing-hits-limits-idUSL3N21G242.

2019年4月,中央银行(通过被称为交易所交易基金的工具)购买的股票相当于东京证券交易所市值的近5%。[1] 这种扩张性货币政策支持了近年来较好的经济增长,而且现在正体现在北美和欧洲的中央银行对新冠肺炎疫情的反应中。但它并没有实现黑田行长的既定目标,即结束日本十几年的价格通缩,并使消费价格的年增长率达到2%左右。

尽管有各种各样的希望和劝告,但工资的增长幅度依然不大,即使是在失业率下降的情况下,这反过来限制了通胀压力。造成这种状况的一个重要原因是非正规就业的盛行。与其他发达国家一样,日本也出现了生产力增长明显放缓的情况,这降低了企业提高工资的能力或意愿。这是自2008年金融风暴以来的全球现象,但日本的情况令人惊讶——尽管失业率很低,而且出现了劳动力短缺的情况,这种现象却一直存在。在制造业方面,日本企业最早使用工业机器人和其他形式的自动化来取代人工,他们长期以来也一直热衷于此。然而现在,尽管在许多方面仍然处于技术发展的前沿,日本企业在提高生产力的自动化方面(尤其在服务业)并没有进行大量投资。由于非正规就业以及女性和老年工人的存在,劳动力仍然相对廉价。从正规就业到非正规就业,随之而来的是培训的减少,这也阻碍了生产力的提高,因为它影

---

[1] https://asia.nikkei.com/Business/Markets/Bank-of-Japan-to-be-top-shareholder-of-Japan-stocks.

响了技能水平和雇员的投入和工作努力。

在政治方面,自民党对权力的控制因平成时代的金融崩溃而有所松动,但一直是到2009年,才被短暂地全面打破,那时日本民主党主要由退出自民党的人领导,在选举中获得了压倒性的胜利。民主党的首任首相鸠山由纪夫从1986年开始担任自民党国会议员,1993年离开并成立了一个新政党。在政府中,民主党采取了一些措施来重新分配公共开支,将开支从被认为是腐败的公共工程计划调向社会福利,并试图减弱官僚机构的权力。但是,丑闻加能力不足,削弱了民主党实力,而后,民主党的公信力又因面对2011年海啸和核泄漏的处理不当而基本崩盘。民主党在三年内经历了三位首相[1],之后在2012年12月的下议院选举中输给了自民党。在政治上,日本又回到了自民党1955年成立以来的状态。在那段首相"走马灯"似的轮换时期之后,日本迎来了有史以来最长的首相任期,即安倍晋三的任期。

✦ ✦ ✦

自1990—1992年的金融危机以来,只有在2009年的选举中,选民才愤而选择支持国家层面的激进变革,尽管一些反体制的异

1　鸠山由纪夫、菅直人和野田佳彦。

见者——演员、喜剧演员、小说家等——已在不同时期纷纷当选为都道府县知事和市区町村长。但是，国民的共苦已经产生了一些值得注意的社会影响，这些影响将在未来几十年内影响这个国家。而整个过程是与另一个更可喜的社会变化同时发生的，其中可能有一种令人惊讶的关联，这一变化有望在令和时代产生深刻的社会、经济甚至政治影响。

对于两个最突出的变化——结婚率和生育率的大幅下降，我们不可能掌握确切的因果过程。在这两件事中，可能有大量的因素在起作用，并以复杂的方式相互影响，因为结婚和生儿育女都是非常私人的选择。在一个以家庭为导向的社会中，这两种下降都令人惊讶，相比发展方向，其程度更令人震惊。

这两者之间存在着明显的关系，因为尽管非婚生子女在日本并非不存在，但并不普遍，而且仍然要承受社会污名和相当大的经济困难。因此，如果更少的人结婚，就意味着更少的孩子出生。而这正是1990年以来所发生的事情。虽然在20世纪70年代和80年代，50岁时没有结过婚的男性比例一直在缓慢上升，但1990年后，这一趋势大大加快（见图1.10）。现在，四分之一的50岁男性和近15%的同龄女性从未结过婚，而且这个数字还在攀升。

人们结婚的途径也发生了变化。就算在更近期的20世纪80年代，很大一部分的婚姻依然是通过正式的媒人，或者是通过企业

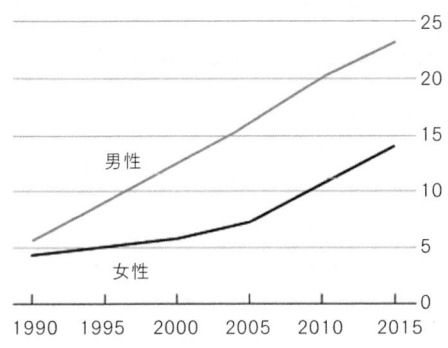

图1.10 50岁未曾结婚的男女人口占比(1990—2015)
资料来源:日本国家人口与社会保障研究所

内部不太正式的媒人安排的。明治大学的加藤秋彦和中村麻里子的研究[1]表明,之前通过正式的、非正式的和企业的方式安排的婚姻很普遍,但这种情况已经从1980年代早期的70%下降到现在的30%左右,而且很可能在这个数字中,企业同事之间的婚姻也越来越少是从于"媒妁之言"。

同时,出生率也下降了。在所有发达国家,财富、文明成熟度和社会变革导致了出生率的下降,通常低于人口替代率

---

[1] Kato Akihiko, *Declining Marriage and Ever-Increasing Childlessness*, Meiji University, 3 October 2018, https://www.meiji.ac.jp/cip/english/research/opinion/Akihiko_Katō.html.

2.1，即每1名成年女性生2.1个孩子，但日本出生率的下降——与其他一些东亚国家如韩国和新加坡一样——比西欧或北美的典型下降更猛烈。图1.11列出了三个国家——美国、法国和瑞典，这些国家的出生率比日本更接近人口替代率。英国的生育率也一直保持在相当高的水平，而德国的生育率已经从2005年前后的1.33恢复到2019年的1.57。欧盟的总体生育率目前为1.6，比德国略高。

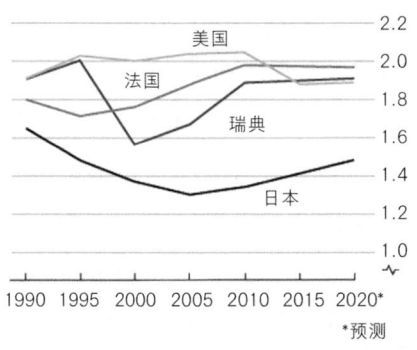

图1.11 （部分国家）生育率（1990—2020）
资料来源：联合国人口司

与其他发达国家一样，日本生育率下降的背后有许多因素。但是，鉴于日本的情况有极端的方面——在文化影响下，非婚生子女不到2%——对日本生育率下降的解释，必然包含结婚率的下降。至于结婚率下降的原因，经济状况，特别是劳动力市场的状况被认为是突出的原因。[1] 结婚和育儿需要资源和某种安全感。在新分化的劳动力市场上，只能找到非正规就业机会的男性，不能作为传统的养家糊口方提供资源和保障。这尤其适用于20世纪90年代和21世纪初达到就业和适婚年龄的"冰河期世代"，尤其是技能水平较低的人。男性，尤其是社会底层的男性，发现比过去更难结婚和组建家庭。在这几十年间，（单身为主的）中年男子中出现了一种新的现象——"御宅族"（otaku），他们的大部分闲暇时间用于玩电子游戏，或加入追随青少年女性偶像的粉丝团等消遣活动，这并非巧合。[2]

明治大学的加藤教授认为，低技能人群收入能力的下降与结婚率的下降之间的联系最早可以追溯到20世纪70年代。[3] 但在20世纪90年代和21世纪初，由于非正式就业合同的盛行，这种情况加速发展了。他说道[4]，在这样一个社会中，缺乏资源是阻碍人

---

[1] Kato Akihiko, *Two MaMor Factors behind the Marriage Decline in Japan: The Deterioration in Macroeconomic Performance and the Diffusion of Individualism Ideology*, Paper delivered at Population Association of America Annual Meeting 2012: https://paa2012.princeton.edu/abstracts/121688。另见刊于 *Journal of Population Problems* 67.2 (2011)。

[2] 在三宅响子执导的纪录片《东京偶像》(*Tokyo Idols*, 2017)中有生动详细的展现，由英国广播公司第四台(BBC Four)和NHK电视台播放：https://kyokomiyake.com/tokyo-idols。

[3] Kato, 2012.

[4] Kato, 2018.

们结婚的关键问题:

> ……根据国家人口和社会保障研究所的调查,今天,90%未曾结过婚的"奔三"人士说他们"打算有一天结婚"。当被问及最大的障碍是什么时,"结婚花费"成为男性和女性的首选答案,占50%之多。

同时,劳动力市场的一大变化是,外出工作的女性人数大幅上涨,2012—2019年期间的上涨幅度尤其突出。2015年,主要工作年龄(即15岁至64岁)的女性活跃在劳动力中的比例超过了美国的水平(美国的男性和女性参与率都在下降)。这使得日本15—64岁年龄段的女性劳动参与率[1]与欧元区国家的水平大致相同,但仍比英国和德国低4—5个百分点(见图1.12)。瑞典和瑞士的女性参与率甚至更高。

日本政府对女性工作人数增加的看法是,这是安倍晋三在2012年再次出任首相[2]后不久发起的旨在为女性"赋权"(empowerment)的政策的结果;安倍称,他希望日本成为一个"女性闪

---

[1] 劳动参与率是经济活动人口(包括就业者和失业者)占劳动年龄人口的比率,是衡量人们参与经济活动状况的指标。——译者注
[2] 安倍晋三第一次担任首相时任期仅维持一年,即2006—2007年。
安倍于2022年7月8日发表助选演说时遇刺身亡,终年67岁。——编者注

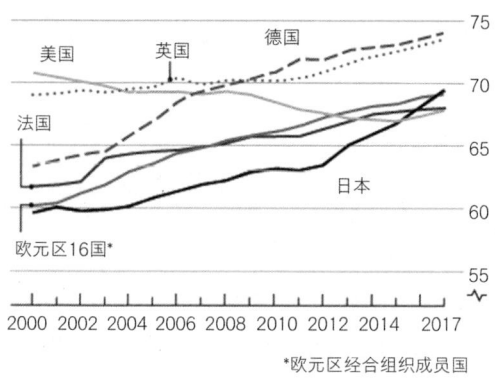

图1.12 15—64岁女性的就业率（2000—2017）
资料来源：经合组织

耀"(women shine)[1]的国家。诚然，安倍政府与地方政府合作，在公共保育设施方面投入了增幅显著的资金：根据经合组织的数据，2013—2017年增加了53万个保育场所和30万个课后护理场所。[2]我们可以清楚地看到，在这种保育投资的帮助下，女性参加工作的人数出现了明显的增长，但未可知的是，女性工作的

---

1 该表述由安倍于2014年1月22日在瑞士达沃斯世界经济论坛上所做的一篇演讲中最先提到：https://japan.kantei.go.jp/96_abe/statement/201401/22speech_e.html。他在后来的几年中多次重复这个主题，比如，见安倍于2015年9月27日在一场关于性别平等和女性赋权的全球领导人会议中发表的演讲：https://www.mofa.go.jp/files/000101698.pdf。

2 *OECD Survey of Japan*, p. 19.

质量是否得到相应程度的改善,而这方面也是"赋权"或"闪耀"所应包含的。

女性外出工作意愿的提升,与前文讨论的65岁及以上男性就业率的上升一起,促成了日本总就业人口的显著上升(见图1.13)。自2012年日本经济开始从2011年的海啸和核泄漏造成的冲击中恢复以来,这种情况尤为明显。这一点之所以引人注目,是因为同时期总人口在不断减少。事实上,自2000年以来,工作年龄(15—64岁)的人口已经下降了12%。

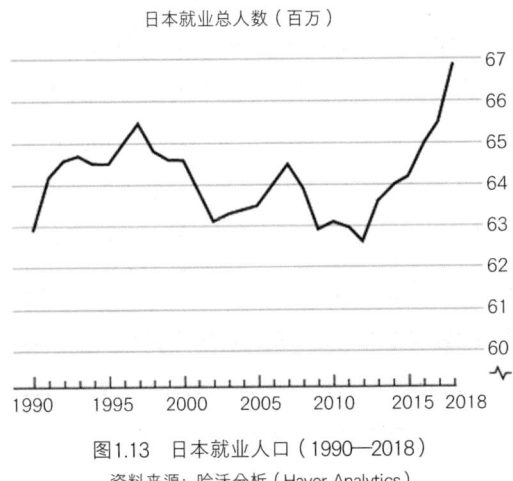

图1.13 日本就业人口(1990—2018)
资料来源:哈沃分析(Haver Analytics)

因此,工作年龄的女性和男女退休人员的就业增加,弥补并超过了人口减少带来的劳动力不足。但是,自2013年以来,增加的250万女性就业人数中,约有一半属非正式的工作形式。[1]只有45%的女性拥有正式合同,而男性则为78%(男性的这一数字在就业"冰河期"有所下降,但之后又有所上升)。女性占非正式员工的三分之二;但如果是在公平的环境中,按照女性所占的人口比例,她们应只占非正式员工一半。2017年,每周工作时间少于30个小时的女性比例为37%,远高于经合组织25%的平均水平。不足为奇的是,日本的性别工资差距仍然高居经合组织排名的第三位,尽管这种情况已经从2005年的33%下降到2017年的25%。

应该注意的是,在经济压力和非正式工作增加压低了结婚率,且劳动力短缺提高了工作年龄女性和退休人员的就业率的同时,双收入家庭的数量也在急剧上升。20世纪90年代中期,双收入家庭的数量超过了传统的单收入家庭(即丈夫工作,妻子不工作);[2]如今双收入家庭的数量大约是传统单收入家庭的两倍,但也有更多的单人家庭出现。造成这种情况的因素包括有关工作—家庭的社会规范的变迁,但经济压力也是一个因素。在结婚和生育率下降的背后,同样下降的是收入和安全感,这也基本上是女性非正式工作和双收入家庭增多的原因。

然而,这些经济压力也引发了另一个特别令人惊讶的社会变

---

[1] *OECD Survey of Japan 2019*,p.91.
[2] *OECD Survey of Japan 2019*,p.91.

化，这也是本章探讨的最后一个变化：从20世纪90年代到21世纪初，从高中毕业决定参加四年制大学课程的女孩的人数急剧增加。在20世纪70年代和80年代，接受完整的四年制高等教育的人的性别差距是巨大的，只有10%—12%的18岁女孩能升入两年制短期大学学习，其余的无法继续学习，而同时有35%—40%的男性可以上大学（见图1.14）。虽然现在仍然存在约5个百分点的性别差距，但已有一半的女性高中毕业后进入四年制大学学习。

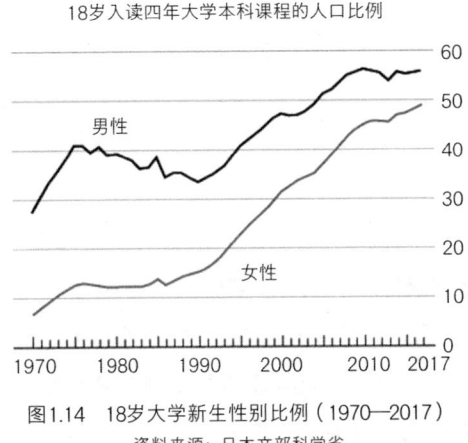

图1.14　18岁大学新生性别比例（1970—2017）
资料来源：日本文部科学省

因此，在20世纪80年代毕业，如今在组织中担任或即将担任领导职位的女性只有一小部分人，但在随后的几代人中，得以接受大学教育的女性的职业通道将会宽广很多。在所谓的"千禧一代",即1980年以后出生、2000年以后大学毕业的人中,职业女性的人数会特别多。2000年进入大学的人,到2019年也才37岁左右。大多数日本组织都相当严格地坚持按年龄和资历晋升。目前领导岗位缺乏女性[1](2019年,日本只有约13%的管理职位由女性担任),这反映了高等教育中曾经存在的巨大性别差距,以及无疑也存在的其他障碍。在千禧一代中,高等教育的性别差距所产生的影响要小得多。

✦ ✦ ✦

2019年,德仁天皇即位,日本从平成时代进入了令和时代。并不能说这个国家从胜利走向了灾难——尽管一路上也有灾难和几乎酿成灾难的大事发生——更准确地说,它是从出色的经济表现走向了某种稳定的平庸。如七万多名百岁老人所暗示,日本已经明显变老,并且在许多方面是全世界应对人口老龄化问题的先行者。日本尽管持续忧虑着其教育体系是否本末倒置,但在经合组织的标准化测试排名中仍然名列前茅[2],而且正如图1.14所示,该国50%—60%的青年男性和女性都能入读大学课程。

---

[1] *OECD Survey of Japan 2019*,p. 103.
[2] *OECD PISA Tests 2018*:https://www.oecd.org/pisa/publications/PISA2018_CN_JPN.pdf.

然而，日本也是一个劳动力市场分化严重的国家，这产生了有害的结果：实际收入持续低迷，从而抑制了家庭消费和储蓄，恶化了婚姻和家庭成形的条件；人力资本的发展和利用情况衰退，因为很大一部分劳动力受雇于岗位要求低于其教育和技能水平的工作，没有像他们（主要是男性）的前辈那样享有企业内部的培训和发展机会。生产力的增速急剧下降，尤其因为生产力最高和最低的企业之间的差距越来越大，而这种差距并没有因为公司收购或破产而得到消除。[1]贫困和不平等现象增加了，虽然没有像美国那么严重，但还是增加了。结果是，这样一个有能力实现而且可以说本应实现高工资、高质量生活的地方，位于技术前沿或接近技术前沿的地方，即位于亚洲的加大版的瑞士，却在步入令和时代时，成了一个低工资甚至是高度贫困的社会，这着实让人惊讶。人们在东京市中心的街头闲逛时，情况看起来不是这样；但问题确实存在。

与此同时，进入令和时代的日本也在成为一个越来越"女性"(female)的国家。显然，这并不是说女性比过去多了，而是由于人口减少，以及20世纪90年代和21世纪初接受大学教育的女性人数激增，女性正在积极争取她们在前几十年几乎无法想象的角色。无论男性是否高兴（在这个仍然厌恶女性的社会中，许

---

[1] *OECD Survey of Japan 2017*，pp. 79-85.

多男人并不愿意见到此情此景),日本注定会有一个女性参与度更高的未来(a far more female future),区别只在于,日本是否愿意拥抱这一未来,并充分利用其中的潜力。

★ 第二章

女性闪耀之地？

要了解日本在多大程度上仍然是一个以男性为主导的厌女社会，可以从口服避孕药直到1999年才被批准在日本使用这一事实开始。[1]这是在美国食品和药物管理局批准其使用整整39年之后，而西欧国家当时很快就紧随其后了。而最终批准避孕药这一决定，实际上是由"伟哥"的批准使用促成的——伟哥审批速度创下外国药物审批的记录，导致有人抗议男女之间待遇不

---

1 Analia Vitale, "The Unpopular Contraceptive Pill: Birth Control and Gender in the Japanese Press", *U.S.-Japan Women's Journal 29* (2005), pp. 60-76: www.jstor.org/stable/42771935.

平等。"事后"避孕药仍然只能通过医生的处方来获得。当然，每个国家都有许多文化因素，它们影响着避孕的使用，许多既得利益者在授权决定中起着作用。而日本在生育控制方面的不寻常之处在于，长期以来，堕胎是不受限制的，其合法化和正常化要早于大多数西方国家。[1]然而，避孕药的官方授权姗姗来迟，这背后不可否认的一个重要因素是，男性支配了医学界和药品授权程序，也支配了媒体和其他地方关于生育控制的公共讨论。

沿着这个思路，第二件值得关注的事便是2018年私立名校东京医科大学（东医大）的丑闻。当年，有消息称，东京医科大学一直在系统性地歧视女性申请人，以实现男性医学毕业生的目标比例。[2]显然，这种歧视的一个理由是，人们认为女医生很可能会休长时间的产假，甚至一旦有了孩子就会完全离开这个行业，所以如果要保留必需数量的医生，最好确保与其比例不相称的男性医学生人数。后来，经过文部科学省的调查，发现至少还有九所医科大学也在以类似的方式操控女性申请人的考试分数。东京医科大学以传统的方式做出回应——由高层管理人员深深鞠躬道歉并辞职，并且在丑闻发生后出奇迅速地从教师中选出

---

[1] 堕胎于1948年颁布的《优生保护法》中得以合法化。
[2] G. Wheeler, *The Tokyo Medical University Entrance Exam Scandal: Lessons Learned*, Int J Educ Integr 14 (2018).

了第一位女校长。学校还开始对前两年因这种操控而蒙受损失的女性申请人进行补偿（尽管有人发现这种做法至少可以追溯到十年前）。

东医大的丑闻主要向我们传达了三点，一点是负面的，两点是正面的。不幸的是，负面的一点是最重要的：医学院服务于旨在提供全民公共医疗服务的就业体系，这个体系本身是相当僵化的，且歧视女性。如果政府真的希望进行干预以赋予女性权利，那么人们想到的情况可能会是政府介入其直接监管的大规模雇主的雇用行为，[1]但显然不是这样。在许多国家，医学一直是女性进步相当快的一个领域。2017年，在经合组织36个基本富裕的成员国中，平均47%的医生是女性；在斯堪的纳维亚半岛、东欧和波罗的海国家，往往有50%—70%的医生是女性。但在日本，只有20%的医生是女性。虽然这至少比2000年的14%有所上升，但日本的这个比例在整个经合组织中是最低的。[2]

学医的学费很高，学生需要六年的学习才能获得学位，不过这两点在其他国家也是如此。不同的是，日本卫生服务部门的就

1　日本普遍的公共卫生体系服务是混合式的，资金来自强制保险以及病人诊疗费用和政府补贴，由中央和地方政府分别监管，但提供服务的单位包括私营和非营利机构以及由中央或地方政府直接拥有和运营的一些医院。见 *International Health Care System Profiles*，The Commonwealth Fund：https://international.commonwealthfund.org/countries/Mapan。

2　*OECD Survey of Japan 2019*，p. 104.

业做法未能充分调整，无法雇用和留住那些有生育意愿的女医生。因此，医学院一直在给歧视性的医疗服务做帮凶。在这一点上，卫生系统的做法与日本各类单位的普遍雇用态度是一致的：太多单位仍然僵化地以男性为导向，要求长时间工作，只提供非常有限的假期或其他缺勤机会，但同时有着对承诺或义务的高要求，这使得日本女性比其他地方的女性更难兼顾事业和家庭。以小见大，这件事告诉我们，如果女性要"闪耀"，日本的各单位需要做出什么改变。

不过，我们也来看看相对光明的一面。东医大丑闻也传递出两条积极的信息。第一条是，它表明越来越多的女性申请学习医学，并且在考试中表现出色，成绩好到厌恶女性的招生人员篡改考试结果。似乎也正因此，这种做法可以追溯到十几年前；在那之前，这些人可能认为暗箱操作是没有必要的。第二条积极的信息是，东医大的丑闻并没有像以往那样被置之不理，而是引起了全国范围的强烈抗议。在这一片呼声中，一群女性甚至起诉该大学，要求东医大为她们的不公平遭拒而提供赔偿。[1]第二年，日本最顶尖的国立大学——东京大学选择邀请研究女性主义和性别平等（且曾在该大学任教多年）的领军女学者上野千鹤子教授为

---

1 https://english.kyodonews.net/news/2018/10/ab5c98af63ae-women-demand-tokyo-medical-univ-compensate-over-entry-exam-rigging.html.

新生做年度入学演讲[1]，这可能并非巧合。[2]

因为前有东京医科大学的丑闻，上野教授的演讲非常犀利，坦率地谈到了女学生尤其易遭受的歧视。上野教授对东京大学也毫不客气，她指出，在这所大学中：

> ……女生在本科生中约占20%，在硕士生中约占25%，在博士生中约占30.7%。当她们踏入学术界时，女性学者在助理教授中占18.2%，在副教授中占11.6%，在教授中仅占7.8%。这个比例比议会中的女从政人员的比例还要低。女院长的比例是1/15，而东大至今还没有出过女校长。

在哈佛大学，女生约占本科生的49%，而在2018年，牛津大学录取的女性本科生首次多于男性本科生。哈佛大学在2007年有了第一位女校长德鲁·吉尔平·福斯特（Drew Gilpin Faust），牛津大学在2016年有了第一位女副校长路易丝·理查森（Louise Richardson）。东大和其他国立大学在提高女性学生和教师比例

---

[1] 相关信息：自2006年以来，我一直服务于东京大学国际咨询委员会（现名"全球顾问委员会"）。2019年开始，我也成为东京大学新成立的跨学科研究院——东京学院的一名"潮田研究员"（Ushioda Fellow）。
[2] 选自上野千鹤子教授2019年4月12日日文演讲的英文版，在上野教授领导的非营利组织"女性行动网络"（Women's Action Network）上发表：https://wan.or.jp/article/show/8348。

第二章　女性闪耀之地？

方面远远落后于一流的私立大学（如庆应、同志社和早稻田）：在前五所国立大学中，24%的本科生是女性，而在前五所私立大学中，44%是女性。[1]在过去十年里，东大的女性本科生比例基本保持在较低的水平。

东医大丑闻的第二个积极结果是促进了说出真相的意愿，以及为话语创造平台的意愿，如东京大学的这一举动。最近发生的其他故事也说明了日本女性在反击歧视方面的新意愿，同时也说明她们依旧面临很大阻碍。一个令人痛心但又给人以鼓舞的案例是，年轻记者伊藤诗织于2019年12月在东京地方法院赢得了一场民事诉讼，[2]她向一位曾经熟悉的知名男性电视记者山口敬之提出索赔，事由是发生在2015年的那场性侵。她无法提起刑事诉讼的原因是检察官以证据不足为由选择不予起诉。在上诉失败后，伊藤女士没有保持沉默，公开了性侵事件，甚至在2017年出版了一本关于该事件的书《黑箱》（*Black Box*）。虽然伊藤在传统和社交媒体上受到很多人诋毁（就像全世界的女性控告者经常遭遇的那样），但她的书在2018年获得了日本自由新闻协会的奖项。

另一个例子是针对女性员工着装规范的反抗，公司等组织

---

[1] *The Power of Parity，Advancing Women's Equality in Asia-Pacific*，McKinsey Global Institute (2018)，p. 164.

[2] https://www.japantimes.co.jp/news/2019/12/18/national/crime-legal/japan-journalist-shiori-ito-wins-rape-case/#.XgDOti2cYjc.

的这一做法不太引人注意但仍然具有歧视性,这些规范基本上是为了使女性在工作中具有装饰性而罔顾其实际的作用。2019年,身为演员和作家的临时工(即非正式合同工)石川优实在社交媒体上发起了一场运动,反对许多工作场所强制女性员工穿高跟鞋,这得到了公众的强烈支持。[1]随后,石川在社交媒体上对其他歧视性或贬低性的公司规定进行了抨击,如禁止女性戴眼镜或要求化妆。[2]在一个从小学开始就把"不出头"作为基本原则的文化中,有人开始质疑那些似乎过时的做法,这代表了一种可能在发生的重大的社会氛围和思维方向上的变化。

◆ ◆ ◆

和在其他国家一样,在日本根除这种性别歧视,主要立足的必定是正义和人权,而不是基于经济。与男性所享有的相比,女性事实上享有的权利和选择自由落差巨大,这是迄今为止日本最广泛的社会不公正现象,因其涉及人数众多。

一系列法律或多或少地帮助实现了男女法定权利的平等[3],

---

[1] https://www.nytimes.com/2019/12/10/world/asia/japan-kutoo-high-heels.html.

[2] https://www.bbc.com/news/business-50342714.

[3] 相关法律列表见昭和女子大学校长坂东真理子的《日本的性别与平等》(*Gender and Equality in Japan*),2016年10月12日。

其中包括：1946年首次实现的法律上的平等，1985年的《平等就业机会法》，1991年的《保育假法》，1999年的所谓《性别平等社会基本法》，以及2001年的《防止配偶暴力法》等。此外，日本国会在2015年通过了《促进女性工作参与和晋升法》，要求任何雇员超过300人的组织公布其性别多样性数据以及"多样性行动计划"。再是，厚生劳动省制定了一项认证计划，以表彰那些被认为在促进女性参与方面制度优越的公司。

根据1991年的法律和随后的修正案，日本甚至被评为世界上陪产假权利最高的国家，[1]因为原则上母亲或父亲都可以在婴儿出生后的第一年休带薪育儿假，政府或公司将他们的收入维持在正常收入的80%左右。父亲可以将他们的时间一分为二。但很少有父亲——2018年仅超过6%——真正这样做，[2]他们主要以工作场所文化和工作方式的要求为借口。事实上，在2019年，一些真正行使这些权利的父亲最终对雇主提起诉讼，声称给予他们陪产假是对他们的歧视。[3]

正如陪产假的例子，以及前文的伊藤诗织和石川优实的努力

---

[1] *Nippon.com*, 25 July 2019: https://www.nippon.com/en/japan-data/h00500/japan-has-the-best-paternity-leave-system-but-who's-using-it.html.

[2] Matsukawa Rui, *Mandatory Paternity Leave Is the Key to Womenomics*, Association of Japanese Institutes for Strategic Studies 21, 20 December 2019: http://www2.jiia.or.jp/en_commentary/pdf/AJISS-Commentary281.pdf.

[3] *Japan Times*, 16 September 2019: https://www.japantimes.co.jp/news/2019/09/16/national/social-issues/japan-paternity-leave-suit-rights/#.XgTvPS2cZMM.

所表现的那样，制度实现或阻碍权利和选择的方式才是差距所在，才是社会不公正的根源所在。法定权利是向善利好的，但具体实施未必如此。

这种社会不公也有经济上的影响：制度对女性的权利和选择造成的障碍，是日本经济在生产力增长方面严重落后的一个重要原因，因为各组织以低效的方式使用许多员工，特别是女性员工，女性从事低于其能力的工作；男性则被迫长时间工作，但生产力低下，因此牺牲了工作和生活的平衡，或无法承担家庭职责。再次引用首相安倍在2014年说过的话，即如果日本要真正成为一个"女性闪耀"的国家，[1]各类制度需要做出一系列调整，其中许多也会提高生产力，从而改善经济和生活水平。虽然我们所谓的人力资本的更有效利用听起来是技术性的，甚至是唯利是图的，但这意味着给女性提供机会，以任何她们希望的方式发挥她们的潜力。这是"闪耀"真正的含义。

不过，一个变化已经在发生了，它是这种转变的必要先导。在此刻的日本，女性表明她们希望能够以各种方式闪耀。在太平洋战争之前，当日本的经济仍以农村经济为主的时候，女性在抚养孩子和管理家庭的同时，也有很高的劳动参与度。在1945年之后的50年里，在一个逐步城市化、工业化的国家

1　Abe, Davos 2014.

里，这种情况改变了，形成了一种普遍的劳动分工，即男性出去工作，逐渐在长期合同下受到终身雇用，而大多数女性留在家里承担家庭责任。这反映在20世纪80年代高等教育的巨大性别差距上，当时的许多家庭仍然认为不值得送女儿上大学。如图14所示，1983年，只有12.2%的高中毕业女性进入四年制大学学习，而同一年龄段的男性人数则为36.1%。1990年，当泡沫经济破灭时，仍然只有15.2%的女性进入四年制大学，还不到男性的一半。但到了十年后的2000年，女性的人数翻了一番，达到31.5%，而男性的比例则上升到47.5%。2010年，女性的数字再次急剧上升，达到45.2%，而男性则达到56.4%。现在，女性的人数已接近50%。鉴于日本青年人口的减少，这意味着在绝对人数上，1983年大约有11万名女性高中毕业生入读四年制大学课程，而2010年大约有28万名这样的年轻女性进入四年制大学学习。

因此，现在已经出现了一代女性，主要集中在三四十岁，她们有能力也有意愿在全国各地的大小组织中担任各种有影响力的职务。这在日本历史上是前所未有的。这一迹象依旧是一种可能性，而非现实。不过，现任昭和女子大学校长的坂东真理子——她做了34年管理和政策顾问，是积极的促进性别平等活动家——认为，通过职业管道输送更多的女性毕业生，意味着在未来十年内，科长和更高级的管理人员中，女性的比例将至少翻一番。[1]这将使女性管理人员的比例提高到25%左右；尽管仍然很低，但会朝着正确的方向大力发展，并在管理决策中创造一个女性影响力的"临界质量"[2]。

1965年，坂东是东京大学的一位女学生，这在当时是很少见的，因为当时只有3%的本科生是女性。她学习文学，她说在她的班级里，女性都很出色，而更多的男性则在能力水平上有很大的差异。但当她毕业时，私营公司根本不会向女毕业生提供工作机会。这就是她参加政府工作的原因。坂东现在是一位知名作家，她认为女性赋权在日本已经经历了三个关键阶段：第一阶段，战后劳动法对女性的保护；第二阶段，1985年的平等机会法；第三阶段，公共补贴儿童保育的发展。而现在日本正处于第四个阶段，她希望在这个阶段，社会和政府会鼓励女性发挥她们的才干。

如果坂东的预测成真，并且女性的影响力在随后的几十年里继续增强，那么男性的影响力和领导力水平仍然与他们在人口中约50%的比例极不相称，这与其他国家的情形一样，但男性将有史以来首次与大量的女性共事。同时，国家总人口的老龄化和逐

---

[1] 在昭和女子大学的采访，2016年12月6日于东京。
[2] 临界质量（critical mass），是核物理的一个概念，指维持核子连锁反应所需的裂变材料质量。此处指政策质量必须达到一个适当的临界点，才能产生预期的社会效果。——译者注

渐萎缩也意味着越来越多的组织开始意识到,他们需要调整自己的工作和行为方式,以便不仅可以给更多女性提供机会,而且还能积极地吸引她们。这有可能加速这一进程。

显然,这会是一个艰难的过程。几乎从任何角度来看,日本在性别平等方面都远远落后于其他富裕的发达国家。在最简单的综合各种数据的指数排名中,即根据世界经济论坛的《年度全球性别差距报告》,日本的排名很低,甚至因其他国家取得更多进步而不断下滑:在使用2019年数据的2020年报告[1]中,日本在153个国家中从第110位下滑到第121位,遗憾地位于阿拉伯联合酋长国和科威特之间。诚然,韩国(第108位)和中国(第106位)的得分也很低,但日本和排在它前面的富裕大国之间相差甚远:意大利排在第76位。在2017年的政界,女性仅占众议院成员的10%,在权力较小的参议院中占20%以上。女性在地区和地方政府中的占比更低,在都道府县知事职位中占6.4%,在都道府县议会中占9.9%的席位,在市区町村长中仅占2.3%。[2]

万事开头难。也就是说,还是有一些重要的变化迹象——不仅仅是女性担任职位的数量增加了。松井凯西是东京高盛公司的副董事长,自1999年以来,她一直在跟进日本某一主题的研究,

---

1 世界经济论坛《2020年全球性别差距报告》,2019年发布:https://www.weforum.org/reports/gender-gap-2020-report-100-years-pay-equality。

2 内阁府数据。

她称之为"女性经济学"(Womenomics)。她认为,如果女性发挥更全面的作用,创造更多经济产出,日本年经济产出有可能提高10%—15%。她的第一份报告发表时,15—64岁妇女的劳动参与率只有56%;现在,如前所述,这个比例已经上升到70%以上。确实也有一种新的气象出现。在她于2019年发表的最新报告[1]中,她和她的同事写道:

> 由于劳动力普遍短缺,而经济不断增长,人们越来越认识到,工作场所的性别多样化(gender diversity)不再是一种选择,而是一种经济和商业需要。

此外,高盛认为,这是一个可以证明会有回报的必要做法。根据2015年的立法,大型公司被要求披露其性别统计数据,该报告足以表明,在2018年6月至2019年4月期间披露其女性管理人员数量的297家日本上市公司中,那些拥有15%或更多女性管理人员的公司也获得了最高的五年平均销售增长率和最高的三年平均股本回报率。

多样性已经成为日本企业的一个时尚口号。2019年5月,一

---

[1] "20 Years On, Womenomics 5.0: Progress, Areas for Improvement, Potential 15% GDP Boost", Goldman Sachs Portfolio Strategy Research, 15 April 2019.

个2010年起源于英国的组织甚至成立了日本分会,名为"30%俱乐部"[1]。这个组织致力于促进企业董事会和高级管理层的性别平衡,采用的目标是30%的女性董事会董事和30%的女性高级管理人员。2010年,当运动在英国启动时,富时100指数[2]上市公司的女性董事比例为12.5%,但该组织的30%的目标在2018年被超越,到2019年12月,这一水平已达到32.7%。[3]日本在这方面的起点和英国并没有太大不同:东证100上市公司(即东京证券交易所最大或市值最高的公司)中,2019年7月女性董事会董事的比例为10.5%,比前一年高出2.5个百分点,远高于2014年4%的水平。[4]

日本经历了一个漫长的过程,才认识到性别多样性是必要的,也是有益的,主要是因为劳动力短缺问题也是通过较长时间累积才凸显出来的。基于人口发展趋势,劳动力短缺问题多年来已得到较全面的预测,但是,经济增长慢于预期,加上女性和退休人员中有大量廉价的非正式合同工,使得这一看似不可避免的

---

[1] https://30percentclub.org/about/who-we-are.
[2] 富时100指数(FTSE 100指数)以前称为金融时报100指数,创立于1984年1月3日,是在伦敦证券交易所上市的最大的一百家公司的股票指数。该指数是英国经济的晴雨表,也是欧洲最重要的股票指数之一。——译者注
[3] https://30percentclub.org/about/chapters/united-kingdom.
[4] *Nikkei Asian Review*,29 October 2019,文章作者为小林畅子,安永日本(Ernst & Young Japan)合伙人;https://asia.nikkei.com/Opinion/Gender-diversity-in-Japan-Inc.-must-blast-past-tokenism。

现象不断地推迟发生。但是,2018—2019年,紧缩终于来临,迫使雇主和政府在允许增加移民数量和促进女性发挥更大作用之间做出选择。移民数量也会增加:高盛测算,[1] 2018年已经有大量外国劳工涌入,主要是技术培训人员和持学生签证的人,占雇员总增长人数的15%(120万人中有18.2万人),2018年底颁布的一项新的签证计划允许从2019年4月起,在未来五年内有34.5万外国务工人员移居日本,在特定部门工作。日本当前的移民人数基数较低(外国移民人口只占约2%,相比之下,西欧和北美的水平为10%—25%),这样的移民人数增长(只有约2%的人口在国外出生),仍将为女性留下广阔的机会空间。2020年全球新冠肺炎疫情造成的经济影响可能会使这机会再次延迟兑现,但它不会改变人口的现实。

◆ ◆ ◆

如果要抓住这个机会,需要改变的主要是制度,而不是法律。但仍有两项法律特别阻碍了变革,即税收和移民方面的法律。

目前,已婚夫妇所得税中的配偶抵扣做法是一种阻碍因素,使女性安于从事兼职工作。法律规定,一个平常家庭在主要收入

---

[1] Goldman Sachs (2019), pp. 7-8.

者之外，如果还有一个年收入低于150万日元的次要收入者，可以从他们的收入中抵扣38万日元。所谓平常的意思是指主要收入者的年收入不超过1120万日元，这是平均家庭收入510万日元的两倍以上。从主要收入者的所得税中抵扣的金额会随着次要收入者收入的上升而分段减少，当次要收入者收入超过201万元时，抵扣金额为零。主要收入者收入在1220万日元以内时，抵扣额也会依据公式随主要收入增加而减少，超过1220万日元便无抵扣。

这很复杂，就像所有所得税的阈值和规定一样。还有养老金和健康保险的门槛需要考虑。然而，关键的一点是，税收和社会保障规定为家庭提供了这样的好处：如果妻子做一些支付最低工资或接近最低工资的兼职工作，其家庭就可以获得一些额外的好处。但如果妻子选择工作时间更长或工资更高，法律就会通过大幅增加税收而不利于这个家庭。这种税收和社会保障制度可以追溯至20世纪60年代，当时大多数家庭由一人养活。[1] 2016年，配偶抵扣额本来预计被废除，代之以所有已婚夫妇的标准抵扣额（无论收入如何），但由于选举在即，自由民主党的税务委员会决定只是将次要收入者的个税起征点从以前的103万日元提高到150万日元。从纸面上看，近50%的增长幅度很大，但它仍然有

---

[1] 森信茂树（前大藏省官员，现就职于日本中央大学）给这次改革做了一个"混合的评级"：*Nippon.com*，12 January 2017（ https://www.nippon.com/en/currents/d00280/a-mixed-grade-for-japan's-new-tax-reform-plan.html.）。

可能为任何想从事超过最低工资的工作的配偶带来巨大的税收阻碍。这种举措看起来更像是做做样子，而不是真正的改革。这样一来，税收和社会保障体系仍然反映的是20世纪60年代的日本，而不是21世纪的日本。这种陈旧的想法在2020年春天新冠肺炎疫情暴发期间也很明显：政府向每个公民发放10万日元的现金，以弥补收入损失或其他困难，但程序规定只有户主有资格完成申请，而户主通常意味着男性。丈夫要代表他们的妻子申请。女性"闪耀"和平等实际上还只是空中楼阁。

"女性闪耀"的说法与自民党在税收和福利方面的决定之间存在着明显的差距，一种可能的解释是，执政党内一些有影响力的保守派人士事实上并不相信这些言论，而是认为仍应鼓励女性留在家中抚养孩子。安倍和党内几乎所有的高层人物都是一个名为"日本会议"（Japan Conference）的团体的成员。坦普尔大学日本分校亚洲研究中心主任杰弗里·金斯顿（Jeffrey Kingston）教授在最近的一本书[1]中将该团体描述为"一个以支持传统价值和爱国主义而闻名的右翼游说组织"。这个相当秘密的关系网络或组织在1997年才通过合并以前的游说团体而成立，主要以宣传历史修正主义（即对日本在1895年至1945年间的帝国扩张和军事行为持宽容甚至积极的看法），改革宪法中的和平主义条款，以

---

[1] Jeff Kingston, *Japan* (Polity Press, 2019), p. 45.

及保守帝制而为人所知。[1] 基于这些传统价值，他们对性别平等是否真的适合日本，还持有相当大的怀疑。

与执政党的这种潜在的虚伪感成对照的是，政府对儿童保育设施的投资毫不吝啬。高盛的报告指出的，2012—2018年期间，日托总容量扩大了27%，从全国220万个名额增加到280万个，满足了这一时期的需求增长，并因此将排队名单上的儿童数量从2012年的近25000人减少到2018年4月的19900人。[2] 在此期间，企业和其他机构对儿童保育设施的投资也大幅增长。这降低了——尽管远未消除——女性兼顾事业和家庭的一个障碍。这并没有提高每年出生的人数（这个数字未增反减），[3] 也没有使总生育率得到持续改善[4]。

新的移民法也体现出一些虚伪性，或者至少二者考虑的优先事项有冲突。[5] 其他发达国家的职业母亲将养育子女与辛苦的全职工作安排相协调的一种主要方式是雇用各种家政服务人员：保姆、互惠生、清洁工，或者经常是三者并用。鉴于日本

---

[1] Yoshifumi Tawara,"What Is the Aim of Nippon Kaigi, the Ultra-Right Organization That Supports Japan's Abe Administration?", *Asia-Pacific Journal Japan Focus*, 1 November 2017.

[2] Goldman Sachs (2019), p. 14.

[3] *Nippon.com*, 22 June 2018: https://www.nippon.com/en/features/h00222/japanese-population-decline-accelerates-as-annual-births-fall-further-below-1-million.html.

[4] *Nikkei Asian Review*, 7 October 2019: https://asia.nikkei.com/Economy/Fertility-crash-Japan-s-births-headed-below-900-000-this-year.

[5] *Nippon.com*, 6 February 2019: https://www.nippon.com/en/in-depth/a06004/japan's-historic-immigration-reform-a-work-in-progress.html.

劳动力短缺，雇用本国保姆既困难又昂贵。尽管在日本的外国侨民可以带着外国保姆或其他家政服务人员，但日本公民却不能这样做。2018年的新移民法放宽了对某些类别的护理人员的签证要求，以便缓解护理人员的短缺情况，但对家政服务人员的签证要求并没有放宽。雇用热衷于学习或提高日语能力的菲律宾、印度尼西亚或中国保姆，可能主要是较富裕的家庭能够负担得起的做法，允许这样做肯定不会损害任何人的利益，并有可能扩大儿童保育服务范围，以缓解公共资助设施的一些压力。

◆ ◆ ◆

在提高每个家庭协调家庭和事业的能力方面，更深层次的障碍可见于工作场所和公司的组织方式。正如第一章所指出的，日本女性以前的职业生命线轨迹呈 M 型，婚前参加工作的比例很高，但在有了孩子之后，辞职的比例很高。典型的女性在进入公司时，是进入所谓的"行政轨道"（一般職）而不是"事业轨道"（総合職），[1]因为劳资双方都知道她们可能会在二三十岁时

---

1 日本公司中职员一般分为综合职和一般职。综合职的员工必须服从公司要求，随时被派遣到外地的分公司工作，有时是海外分公司。综合职员工为公司的主体。一般职的员工没有被派遣到外地的担忧，但是也没有任何的晋升机会，所以以普通劳动力和女性居多。——译者注

女性劳动参与率（%，1975）

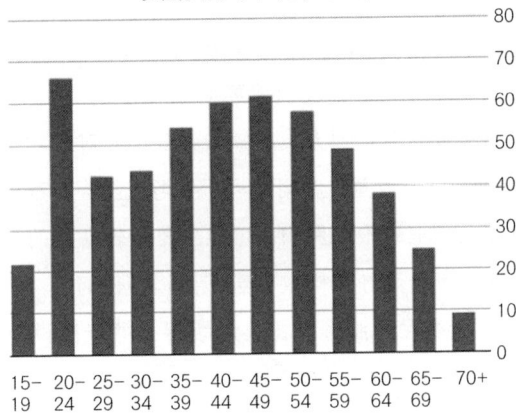

图2.1 女性不同年龄段的劳动参与率（1975）

资料来源：日本国家统计局

女性劳动参与率（%，2015）

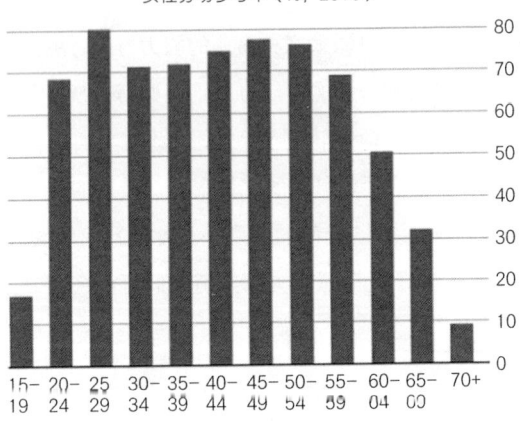

图2.2 女性不同年龄段的劳动参与率（2015）

资料来源：日本国家统计局

离开。如果她在以后的生活中重新开始工作，那将是一个比之前低层次的、可能是兼职的岗位。图2.1（1975年）和图2.2（2015年）显示了这种M型曲线在最近几十年里已经变得非常平缓，但仍然存在——大多数其他发达国家也如此，至少在某种程度上。

然而，关键的问题不是女性是否休假生孩子，而是当她们希望回到工作岗位时，这对她们的职业有何影响。在过去的几十年里，由于大多数女性被固定安排在行政轨道上工作，并坚定地准备为家庭放弃工作，产假制度相对不重要。现在的情况仍然是，被归类为行政轨道的人中有80%以上是女性。[1] 而如今，随着越来越多的女大学毕业生进入劳动力市场，并寻求完全专业化的职业生涯——她们进入大企业的事业轨道，或是加入不使用这种双轨制的企业，或者进入法务或会计等专业职能部门——合理的产假规定就变得很重要了。

大企业的这种双轨制的问题是僵化。它基本上要求申请者在进入企业时就做出选择，一旦选定就不可更改，无论意图或目的为何。在一些大企业里，面对员工发生变化的偏好，这种情况正在变化。但是，当前人口现实之下，我们不再有理由将几乎所有女性送入一个几乎没有培训或发展机会

1　Goldman Sachs (2019), p. 25.

的与精英领导层绝缘的未来。

位于东京的一桥大学是日本最古老和最有声望的商业大学——在学科上比美国式的商学院更广泛,但仍然是日本最与之接近的同类学校。因此,其女性校友一直是最有可能进入并坚守职业岗位的一部分女性。2017—2018年,该大学与一个名为"一桥女性创新领袖"(HWLI,其更流行的名称为"赫尔墨斯俱乐部")的女性校友团体合作,对校友的职业道路进行调查。[1] 该调查收到了来自一桥大学毕业生的525份答复,其中226名是男性,298名是女性,还有一名性别不明。其中,无论是男性还是女性,在大公司工作的比例都是最高的。受访者来自各个年龄段,但30岁至59岁之间的受访者所占比例尤其大。当然,随着近几十年来女性入学率的提高,女性受访者的比例在年轻的年龄组中更高,但即使在50—59岁的年龄组中,女性仍占受访者的一半。超过80%的男性校友从事全职工作,而这在女性校友中的比例约为73%。尽管女性的兼职就业率高于男性,但也只有5%左右。一桥校友显然与一般人大为不同。

一桥的这项调查特别值得注意的一个点在于,它告诉我们优秀女性校友的M型发展曲线是怎样的。虽然这项调查无法描绘受访者的工作生活全貌,并以此显示M型曲线是如何随时间变

---

[1] 一桥大学"一桥女性创新领袖"(HWLI)特别圆桌会议上的展示,2018年5月15日;《一桥大学之后:近观职场与居家的性别差异及其满意度》(浅野裕美)。

化的，但它简要描绘了谁在什么年龄段从事什么工作。结果显示，虽然受访者在所有年龄段的就业率都比一般人高，但在现年三十多岁的校友中，这一比率有所下降。在年龄较大的人群中，特别是在四十多岁和五十多岁的人群中，兼职工作的比例有所上升，但仍然不高。在这些年龄组中，更重要的是个体经营，在30岁左右的受访者中，个体经营的比例上升到20%—25%。最有可能的是，该情况下主要是女性离开大公司的岗位，自己做顾问。在男性受访者中，63.8%的人担任不同级别的管理职位，而女性中只有33.4%的人如此。但是，在专业性的非管理职位上，女性的比例高于男性，如律师和会计师，这对一些人来说，可能是给日后转为个体经营铺好路。

这是一个对精英群体的调查。但是，它也可能代表先锋群体的状况，因为现在在大学里学习的女生比过去多得多，其中有相当多的人在学习商业或工商管理课程，尽管对此我们还不能确定。这让各层次和各地区的女性商业领袖的潜在人才逐年增多。例如，从2014年到2018年，我是日本西部冈山县一所私立大学——就实大学的客座教授，主要是为他们新成立的工商管理系开英语讲座（每年一次），这些学生主要来自冈山县。2017年，我采访了三位工商管理专业的女学生，了解她们对职业和家庭的看法：她们分别叫伊丹优子、片冈优希和山村优里香（她母亲是尼泊尔人，父亲是日本人）。即使是十年前（但其实是20年前),要在地方大学里找到像她们这样学习商业的女生也是非常困难的。[1]

在一定程度上,她们遵循了日本女学生的一些典型模式。伊丹和片冈都特别想进就实大学,因为其商学系积极派遣学生到国外交流学习,并包括在国内和国外的强制性实习。正如昭和女子大学的坂东女士在我采访她时指出的那样,如果女性要在日本企业的男性丛林中战斗,她们需要额外的武器,海外经验和外语就是两种流行的武器。[2] 我问了她们的职业规划,她们都说要在日本西部找工作:一个是品牌或市场营销,一个可能是酒店业务,另一个是航空业务。

我问她们是否考虑未来将事业和家庭相结合,她们的回答很有意思,非常坦诚。一个说,她觉得自己可以而且会把婚姻和事业结合起来,并希望为此目的而使用她的产假权利。她说:"我希望公司的产假制度得到改善,这样女性就可以把它作为一种权利心安理得地使用,不会愧疚。"第二个认为,如果她有孩子,她肯定会想放弃工作。第三个人(即山村,尼泊尔裔日本人)的观点比较模糊,她说她肯定想经营企业并最终自己当老板,她觉得女学生肯定会和男学生有平等的机会,但是如果她有了孩子,她可能会想至少暂时放弃工作,也许几年后再回来。然而,她们

1　2017年7月7日的采访,于冈山的日本就实大学。
2　对坂东真理子的采访,2016年12月6日于东京昭和女子大学。

都说，希望丈夫和妻子在家务和育儿方面的角色比过去更平等。

"兼顾家庭和事业"，这样的观点和矛盾的感觉在全世界都很典型。只不过，相比其他发达国家，它们更晚出现在日本，直到现在，一种个人发展的机会和可能性的意识才在年轻女性中广泛渗透。至少根据民意调查，日本女性虽然感到缺乏机会、困难重重，但她们的幸福感和生活满意度并不是很低：京都同志社大学的吉尔·斯蒂尔（Gill Steel）教授在她最近主编的一本书[1]的序言中指出，尽管存在不平等和歧视，但"大多数研究表明，日本女性比男性更幸福，更享受她们的生活"。斯蒂尔对此提出的一个理由是："尽管有这些限制，但日本正在发生变化。现在日本女性中存在着传统的性别平等考量所不能完全反映的经验多样性。"换言之，女性确实比过去有更多的选择和更多的自由，使她们能够以无数种方式实现自己的价值。是否能够成为三菱公司的总裁或日本的首相，并不是对女性赋权的唯一检验标准。本书的第二部分将讲述一个类似的故事。

藤原麻里子是一位研究了近四十年男女工作境况的专业人士，[2] 她自己也升任为日本大型广告公司博报堂生活研究所的市

---

[1] Gill Steel,"Introduction: Changing Women's and Men's Lives in Japan", in *Beyond the Gender Gap in Japan*, ed. Gill Steel, Michigan Monograph Series in Japanese Studies 85 (2019).

[2] 对藤原麻里子的采访，2018年2月13日于东京。

场研究部主任。在20世纪80年代,她开始采访有能力的女性,特别是那些从顶尖大学毕业的少数女性,她发现她们往往认为自己是"特殊的"。当公司没有以特殊的方式[1]对待她们,而只是让她们泡茶或做些日常杂事时,她们就会辞职。在藤原女士看来,这类人倾向于过早地放弃,现在也是如此:根据她的经验,日本女性和男性之间的差异仍然是,女性将工作或职业视为一种选择,而不是一种责任能力,她们可以随时退出而不会受人诟病。她说,那些会留在公司的人"在职场游戏中安分守己"。这尤其意味着许多女性不会像男性同行一样成为高层管理所需的通才,而是成为专业人士。她们这样做的原因是可以理解的,即为了获得更多的安全感。但这可能意味着,"即使工作了很长时间,女性也会被晾在一边,因此无法进入高层"。

这就提出了全球研究性别和工作问题的学者所熟悉的一个主题:女性不如男性有雄心壮志,或者至少是对自己的晋升前景没有信心。[2]这一点在一桥的调查中也清楚地显示出来。在被问及"对职业发展的渴望"时,所有年龄组中女性校友的回答都不如男性雄心勃勃或充满信心。当被问及他们所从事的工作要求是高于、符合还是低于他们的能力时,有一个小而明显的差

1　具体事例,可参见第九章的河合江理子。
2　例如,可参见 Anna Fels, "Do Women Lack Ambition?", *Harvard Business Review*, April 2004。

异,即男性比女性对自己的角色表现出更强的信心。而且可见一斑的是,当被问及在职业生涯中是否曾有特殊经历帮助他们获得信心和雄心时,更多的男性受访者会直接、坦诚地回答"是",例如"参与跨部门项目""启动新项目或新业务"或"与外部专家建立联系"等。在这些商界精英校友中,男性更有信心,至少部分原因是他们的职业生涯给了他们更多的提升工具。

一桥校友的这一观点也反映在2018年日本劳动政策和培训研究所(厚生劳动省的一个附属机构)进行的一项研究[1]中。研究员高见具广发现,有明显证据表明,即使在进入公司事业轨道的男性和女性工作者中,也在获得的任务和经验方面存在性别区隔,而这些是为未来的晋升做准备的。他写道:"很明显,女性在核心职责方面获得的经验相对较少,而这些核心职责可以通向管理岗位。"这一过程的一个重要促成因素在于是否可以定期加班,高见补充说:

> 在以长时间工作为标准或规范的企业文化中,女性往往必须通过加班来对待公司的核心职责。一般来说,日本普遍

---

[1] "Gender Segregation at Work in Japanese Companies: Focusing on Gender Disparities in Desire for Promotion", *Japan Labor Issues* 2.11 (December 2018), Japan Institute for Labor Policy and Training.

有这样的企业文化，而这意味着许多女性员工不容易发挥其全部潜力。

当然，在任何地方，希望晋升到高级职位的男性或女性，都必须在必要时付出长时间的艰苦工作。然而我这里要说明的重要的一点是，在日本的组织中，这不仅仅是努力工作的问题。在这种组织文化中，对团队的归属感是至关重要的，而且在过去，"团队"主要由男性组成，团队建设的核心部分是在办公室一起工作到很晚，一起出去喝酒，往往一周几次。办公室一族（被称为"工薪族"的人）一直被期望对他们的公司表现出比对家庭更多的责任，除了经济方面。由于2020年新冠肺炎疫情的影响，许多公司突然需要远程居家办公，这种工作方式是否会存续还有待观察。但如果它存续了，它有可能改变这种基于团队的承诺和加班文化，这可能对职业女性的事业有相当大的帮助。

在那些公司之间劳动力流动较大，因而就业带有更多协谈色彩的国家，团队建设的努力同样重要，但往往以不同的方式进行，如通过联谊会、培训课程，以及提供集体设施，如公司食堂或体育活动，以使员工团结起来。在日本公司里，就业被认为是一个长期的相互承诺，但工作轮换是相当常规的，"团建"已经成为一个更恒定的过程。由于它涉及大量的加班和晚上与同事喝酒，它也是一个非常男性化的过程，有家庭的女性则很难充分参与其中。通向管理层晋升的那种工作（如高见所说的"核心岗位"）被分配给了那种被认为能够大量加班，因而具有良好团队精神的雇员。换言之，就是指男性。这些都不是巧合。

◆ ◆ ◆

如果日本女性想要找一份工作，她们是否有雄心或信心去创造一份光鲜的职业履历，这样的担忧可能很值得探讨，也在根本上是重要的，但就日本当前的情况而言，操这份心还为时过早。鉴于目前女性担任领导职位的比例较低，我们先要问的问题是，日本女性目前的抱负和信心水平是否反映在了她们的职业发展中？如果没有，原因是什么？因为在我们思考日本女性将来是否或如何能够变得更有抱负和信心之前，当前两性之间在能力、抱负和职业进展上已经存在一个明显的差距。

日本的企业文化中，员工须通过长时间工作而成为团队的一部分，这几乎是最重要的因素，这也是女性遇到的核心问题——至少对于那些希望同时拥有家庭的女性而言是如此。离开团队，即使是休产假，她们也会觉得让团队失望，就像男性作为父亲休陪产假那样。然而，尽管这种团体文化在日本公司特别突出，但欧洲或北美公司的新手妈妈（或爸爸）也会遭遇这类综合征。亿万富商人迈克尔·布隆伯格（Michael Bloomberg）竞选总统时受困于早年的一个指控，有人指控他作为雇主时表现出性别歧视的态度，包括对怀孕的女性雇员的歧视。[1]真正的问题是，各种组织都需要将产假和陪产假的缺勤计划纳入其预算编制、人员配置和项目管理中，这样缺勤才不会显得"让团队失望"。毕竟，人类漫长的孕育周期至少会给团队留够了时间预先做准备。这就是欧洲和美国的组织在过去几十年里不得不学习做的事情，它们最初的做法通常也是相当不适宜家庭生活的。

由安倍政府提出并由国会在2018年6月通过的一项具有里程碑意义的法律，试图帮助解决这一问题的一部分，尽管它没有明确地以改善性别平等为目的。这就是《工作方式改革法案》[2]，2019年4月起开始生效。这项综合性法律旨在处理几个不同的问题，但其中两个主要目标是解决过长的工作时间，以及正式和非正式合同的员工在薪酬和条件方面的不平等待遇等问题。安倍在该法律通过后的一份声明中说：

> 这些是70年来第一次［对劳动法］的重大改革。我们将

---

[1] 见 Megan Garber，*The Atlantic*，19 September 2018：https://www.theatlantic.com/entertainment/archive/2018/09/mike-bloomberg-comments-women-motoo/570448/；或 Mairead McArdle，*National Review*，14 November 2019：https://www.nationalreview.com/news/bloomberg-responded-kill-it-after-employee-disclosed-her-pregnancy-1997-lawsuit-alleges。

[2] *Japan Labor Issues* 2.10，November 2018。

纠正工作时间长的问题,并将"非正规就业"这一说法从日本消除。[1]

我们可以做一个预测:这项改革并不能将"非正规就业"这个词从日本的话语中抹去。这是因为尽管人们欢迎立法规定同工同酬,即无论劳动关系是全职、兼职还是定期合同工,但它不能解决非正规工作的两个突出问题。这两点是:公司经常雇用非正式员工来完成与正式员工不同的任务,因此薪酬不平等并不总是与正规或不正规的说法相关;非正规工作的不安全感才是其真正的特殊性,这一特点导致雇主和雇员避免在培训和技能发展上投入时间和金钱,因为他们知道这种努力很可能是一种白费。

然而,只要这项立法得到切实的执行,长时间工作的问题就完全可以得到缓解,从而帮助男性和女性工作者提高生产力,将更多时间用于家庭。法律规定每月加班时间不得超过45个小时,每年不得超过360个小时,"临时、特殊情况"除外,但对"临时"这类条件也有限制。还有一项对"专业人士"的豁免,即允许按业绩而不是工作时间支付报酬。这一切都很复杂,最终将取决于如何执行和解释。对于一个面临劳动力短缺的国家来说,减少工作时间似乎是种矛盾的做法,但几十年来,"过劳死"的问

---

[1] *Japan Labor Issues* 2.10,November 2018.

题一直是公众关注的重点。

在21世纪的头十年,记录在案的过劳死人数每年共有150—160人,但值得庆幸的是,在过去五年里,这些数字已经下降到每年80—100人,尽管所有这些数字可能被低估了,因为一些自杀事件可能不能完全归咎于某个特定的原因。[1]一个特别臭名昭著的案例是,2015年日本顶级广告公司电通的一名24岁女员工在一个月内加班105小时后自杀。[2]电通公司随后被罚款50万日元,理由是工人的加班时间超过了法律限制,而当时的规定还是较为宽松的。[3]

在写本书的时候,要评估《工作方式改革法案》对长工时和无薪及"社交式"加班文化的影响有多大,还为时尚早。该法案不可能迅速改变工作习惯,但它可以对这种做法进行循序渐进地纠正,并鼓励公司考虑新的运作方式。进展缓慢的一个主要原因是,企业和其他组织中,决定有关工作方式和人力资源做法的人,通常是四十多岁、五十多岁,甚至六十多岁的男性。女性进入管理层的速度很慢,这意味着在大多数公司中,还没有足够数量的女性管理人员做出或参与此类决策。但是,正如昭和女子大

1　Takami Tomohiro, "Current State of Working Hours and Overwork in Japan", *Japan Labor Issues* 3.19 (November 2019).

2　*Japan Times*, 14 July 2017: https://www.japantimes.co.jp/opinion/2017/07/14/editorials/dentsu-karoshi-case-goes-trial/#.Xgic4C2cbf8.

3　*Reuters*, 6 October 2017.

学的坂东所说,寻求职业发展的女性毕业生人数大大增加,这意味着女性科长、部门经理和高级经理的人数可能在未来十年翻一番,达到25%或更多。[1]再加上30%俱乐部为提高女性在董事会中的代表权所做的努力,日本企业有可能在当前和2030年之间达到这种"临界质量"。

这种临界质量除了对公司、大学、省厅、地方政府、警察和其他各种组织的决策有重要影响外,还将创造和提供榜样供年轻女性学习,并在某些情况下去效仿。在过去几十年里,尽管在各种领域总会出现一些成功的女性,但她们是如此罕见的例外,她们更可能向年轻一代证实,成为一名成功的科学家、小说家、外交官、企业家、学者、从政者或管理者有多么困难,而不是多么可行。在英国,玛格丽特·撒切尔在20世纪50年代、60年代和70年代克服了各种争议,成为英国第一位女首相,但尚不清楚这样的"第一"是否真正起到了鼓舞年轻女性、增强信心的作用,尽管她的事迹可能有助于向许多厌女的怀疑者证明,女性完全有能力担任政治领袖,甚至治理国家。

现在,尽管女性在日本仍然占据着相当少的领导岗位,但各领域都出现了更加丰富的女性成功故事,或宏大,或平凡。今天有更多的女性榜样,各个年龄段的女性都在她们选择的职业中取

---

[1] 对坂东真理子的采访,2016年12月6日于东京昭和女子大学。

得了巨大的成就,这也意味着,在日本,关于女性能做什么或不能做什么的陈词滥调和刻板印象(例如女性是否有能力管理团队、做出决策、创建企业、在科学研究中成功等)正受到挑战,就像在其他发达国家一样。这些陈词滥调和刻板印象在日本比在其他地方持续了更长时间,一个原因是缺乏榜样和相关证据来证明相反的情况。第二部分将按主题划分,展示对21位取得瞩目成就的日本女性的采访,作为这一部分的一些"证据"。

第二部分

成功故事

★

第
三
章

具有社群精神的个人

马场加奈子,石坂典子,及川秀子

"我从小就总觉得我和别人有点不一样。我总是很独立,不爱扎堆。"在日本群岛西南部四国岛的高松市经营校服回收业务的马场加奈子的这番话[1],概括了日本女性未来角色的一种核心困境。女性如果要成功地做出自己的选择,与传统和男性偏见的强大洪流相抗衡,她们往往需要有独立的精神。通常情况下,她们会是那种特立独行的人,不因循守旧。然而,如果我们希望这种精神不仅仅是对女性自己的生活产生影响,而是能够对整个日

1　对马场加奈子的采访,2017年7月12日于四国高松市樱屋。

本产生影响,甚至帮助塑造这个国家的未来,那么女性也需要成为她们"群体"(group)的一部分或与之保持联系,因为日本是一个很注重社群关系的社会。要改变日本,就必须改变社会各个层面的群体。

正因此,我找到并采访了三位具有独立精神的女性:她们独立,却不限于独善其身,她们将自己的想法和工作集中于为社会做贡献、支持和改善社群,而不仅仅是为了得益或其他个人主义的目标——这很有启发性。她们逆流而上,但以一种积极的、面向社会的方式。

首先要谈到的两位女性都和一个词相关——回收,但二人在其他方面却非常不同。石坂典子年仅30岁时就成为她父亲的废品回收公司石坂产业的总裁。该公司位于埼玉县,距东京约一小时车程。她的使命和抱负是改变该公司在其附近地区已背负的相当负面的形象。她在家族企业中工作,独立而坚定,她想要恢复她所在企业在当地社群环境中的声誉,并在社群和公司之间建立一种相互关联的意识。

另一位是前文提到的马场加奈子,她是一位住在高松市的有三个孩子的单身母亲。她发现自己买不起孩子的新校服,于是不顾男性商业主管的建议,决定成立一家专门收购和转售旧校服的商店,这在日本尚属首例。这家名为"樱屋"(Sakuraya)的商店现在有来自当地社群的志愿者和工作人员参与,并启发马场成立了一家公司——Sunglad，向日本各地的母亲群体提供建议，以创立类似的回收校服的社会企业。

两位女性都在以不同的方式挑战传统的想法，关于日本，也关于女性。石坂正在挑战这样的观念：废品处理和回收是肮脏、危险、非常男性化的行业，只适合男人来做。当我采访[1]结束后离开石坂产业的办公室时，有人送给我两块磅蛋糕作为礼物。这两块蛋糕是用废品回收场周围农场种植和生产的原材料制作的——这并非巧合。

我猜想，在我见过的首席执行官中，非常有商业头脑的石坂留着的指甲是我所见过的首席执行官（无论是女性还是男性）中最长的，这也不是巧合。她的业务是处理来自建筑业的材料，但这并不意味着这只是简单的手工作业。在石坂看来，回收应该是使环境更清洁、更自然，而不是制造灰尘和污染的脏活。这项业务也不应该仅仅由男性来经营：石坂产业的一半经理是女性。我想，她特地留着作为女性符号的指甲，是为了强调这些观点。

在四国，马场正在挑战一种观点——二手校服有点丢人，日本人一般不买二手货。当她研究潜在的市场时，发现全国唯一转售校服的是位于东京的一家公司，而该公司正在为援交行业囤货。现在，日本各地有三十多家企业在模仿樱屋的做法。主导新

---

[1] 对石坂典子的采访，2017年11月27日于埼玉县三好町石坂总部。

校服市场的两家公司开始对这种竞争感到担忧。此外,同样引人注目的是,她在维持两项业务的同时,也协调了她的工作时间,便于陪伴三个孩子,这三个孩子现在(2020年)分别为22岁、20岁和15岁,而在她于2011年创办樱屋时,他们比现在小9岁。她的经历表明,相比于为他人的公司或组织工作,听命于他人,经营企业可以让女性对自己的时间有更多的(而非更少的)掌控。

同样也是走自己的路,但本章要讲到的第三位——及川秀子[1]——却大为不同。她的丈夫突然去世后,她接管了家族的纺织品企业,并在艰难的竞争环境中取得了成功,这显示了她的决心以及商业才能。但是,2011年日本本州岛东海岸发生的大海啸悲剧,给及川生活和工作的北部地区造成了有史以来最严重的破坏和人员伤亡。当时她的工厂和仓库基本上成了一个疏散营,她和她的公司被推到了当地社群的中心。

◆ ◆ ◆

马场在其他方面也很不寻常。当我最初了解到她一个人带三个孩子,以及她一直买不起新校服的情况时,我立即猜到她一定是离婚了。在日本,单亲父母的数量不多,尽管近年来有所增

---

[1] 对及川秀子的采访,2016年11月30日于宫城县气仙沼及川牛仔布制品公司。

长,但由于很少有孩子是私生的,所以几乎无一例外都与离婚有关。马场的情况也是如此,只是三个孩子中只有两个来自她长达七年的婚姻;第三个是她后来和一个同居男人生的,她现在已与他分居。在这两种情况下,她都有一段时间放弃了工作,成为全职母亲和家庭主妇。但她告诉我,她"不能接受家庭的束缚,而是喜欢外出"。她说,她"不总是善于与他人沟通",她认为这可能是她与那两个男人分开的原因。"通常,"她说,"日本丈夫试图把他们的妻子束缚在家里,就像笼子里的鸟。"但她说她太独立了,不能接受这种生活。

我知道她的这种情况在日本是很不典型的,便问她,这种不寻常的、有点叛逆的性格是否会让她与其他在樱屋买校服或与她共事的母亲产生矛盾。毕竟,她们可能是比她更传统的妻子和母亲,尤其是在高松这样的小地方,而且据说单亲母亲的身份常常被人笑话。她回答说,她作为三个孩子的单身母亲的身份,没有给与她相处的其他母亲带来任何问题。她觉得其他人尊重她,因为她靠自己的努力养家糊口。我注意到,她也花很多时间与她自己的孩子在一起。建立信任和尊重的一个关键举动是她决定开一家商店,而不是在家里分销校服;这样一来,她的生意变得更加透明,让大家看到她家卖的校服都是干净漂亮的,渐渐地,越来越多的当地人参与进来。这个社会型企业也就成为当地社区的一部分。

造访过高松市樱屋后,我很确定马场是一个相当不寻常的人。她甚至到机场来接我和我的助手,并亲自开车把我们送到她的店里。谈到她自己的童年和中学时代时,她告诉我,她在体育课和运动中一直很有优势,尤其喜欢做力量型运动,如掷铅球和铁饼,并能在比赛中获胜。因此,她曾在东京女子体育学院学习。她做了十年的常规体育训练,包括卧推和重量训练,她说这锻炼了她的耐力。

她说,这段经历最特别的一点是迫使她思考了很多她为什么要做训练,以及处理训练和比赛之间的关系。我问她现在是否还在坚持体能训练。她回答说,她每天做200个仰卧起坐,喝蛋白质饮料。我感觉她认为这是一种相当轻松的锻炼方式,但在我听来相当艰难,而马场确实看起来很强健,精力充沛。

当然,她在创业时表现出了决心和深思熟虑。大学毕业后,她在东京海上日动火灾保险有限公司四国分公司(现为东京海上火灾保险有限公司的一部分)的销售队伍中工作了四年,直到她结婚并辞职。后来,她离婚后,最初能找到的唯一适合照看孩子的工作是为比萨饼店散发传单——通常是一边推着婴儿车,一边发传单。

她说,她真正想做的是创业,这让她能够充分掌控自己的时间,在孩子们需要她的时候能够陪伴他们。事实上,她的大女儿身患残障,需要上特殊学校,受特殊照顾。当她需要为她的二女儿在小学四、五年级购买新校服时，她意识到她真的无法支付一些费用，比如每年花14000日元添置一件新的"水手服"上衣，除此之外还有校服的其他部分和一个好看的学校背包，尽管那时她已经到一家保险公司从事销售工作。

马场说，她估算需要存够大约300万日元才能把她的生意做起来。她在保险公司的工作意味着她开始有点余钱可以存起来，同时她向公司的当地高管谈了她的商业想法。他们都提出了反对意见，说没有日本母亲会想要二手校服，而且这样的企业无法生存。但她觉得，那些同样贫穷的母亲一定有未被开发的需求，而且她还看到，其他商品的一些二手业务已开始在日本建立。时代在变化。尽管发现整个日本没有一家商店在做她打算做的业务，无处参考，但她还是决定放手一试。

起初，她尝试在家里经营这项业务，通过信箱散发广告，就像她散发比萨饼传单一样；自己做洗涤和其他校服的准备工作，同时开一个网络博客来宣传。但她发现这样做既不能让其他母亲信任她，也不能让她们真正理解她所要做的事情，这就是为什么她决定必须花更多的钱，开一家门店。这是在2011年初，当时她已经攒了50套校服的库存。库存在店里展示后，这项买卖的消息在高松流传开，妇女们开始到店里来亲眼看看。

虽然她以帮助广大母亲是一件值得做的事情为由，与房东讨价还价来控制场地成本，但她手头的资金仍然太少，无法真正让事业发展起来。事实证明,一个单身母亲向银行借钱是非常困难的,而且她做的是一种新的、未经检验的生意。但后来她有了一个机智可行的想法:她发现香川县(高松是其县城)正在举办一个比赛,为最有前途的新企业提供300万日元的奖金。

起初,比赛的过程就像是再次上演向寿险男主管们咨询的剧情,同样是让人泄气的。为了获奖,她不得不接受一些老年男性委员的提问,他们对她的业务及其前景表示怀疑。我猜测她进行了激烈的反击。她说,她告诉他们,随着现在越来越多的母亲开始工作,她确信社会正在发生变化。母亲们往往与邻居和当地社群联系太少,无法得到她们所需要的帮助,因此她很肯定,母亲们一定需要她的企业所提供的那种帮助。令她惊讶的是,她进入了最后一轮,成为参加终选的六家企业之一,并且要在众人面前公开演讲。她演讲的主旨是,她想将自己的业务扩展到整个日本,因为她认为各地都有类似的需求。于是,她赢得了奖项,并花300万日元购买了门店的收银系统,使业务专业化。

然而,这次成功的主要收获不仅仅是资金支持,更重要的是获奖所带来的免费宣传价值。她开始参加其他奖项的比赛,并再次获奖。这还有一个好处,那就是吸引了媒体的注意,也因此,东京广播公司[1]在2015年对她进行了电视采访,并收入了介绍令

---

1 东京广播公司(TBS)是日本一家全国性电视广播公司,为每日新闻社下属单位。

人感兴趣的新企业的系列节目中。这引发了来自日本各地的业务问询和采访。

这给马场的第二项业务——为日本其他地方的校服回收社会企业提供咨询或顾问业务——带来了很多新的询价。她在2013年，在她的樱屋开业两年后建立了这项业务，起名Sunglad。她没有时间对来自全国各地的人进行建立校服业务的培训，所以她不想建立特许经营业务（像麦当劳餐厅那样）。她提供如何建立和经营类似业务的建议，最初的一次性合约费用170万日元，每月分期支付。客户每月向Sunglad支付3500日元至6500日元不等，这取决于（尤其是）这个公司是否希望与马场当红的博客建立联系。这一切的结果是，虽然樱屋第一年的营业额只有120万日元，但现在樱屋/Sunglad的年销售总额已达3500万日元。马场是Sunglad公司的唯一所有者，公司向她支付工资。

除了马场的精力和决心，这些事业的成功还有两个关键因素。一个是高松社群的参与。马场意识到她需要清洗校服，而这个任务非她一己之力所能完成，于是她想到了把这个工作外包给她的大女儿曾就读的残疾人学校，而该校正好缺少差事和资金。起初，她也是自己动手从校服上取下刺绣的名字和标签，每个标签取下来大约需要30分钟。有一天，一位老妇人来到她的店里，看到了店里的需求，并表示愿意帮忙。现在，所有这些缝纫工作，即14000套库存校服缝纫，都是由当地妇女完成的，她们凭此赚点外快。

除了这种社会贡献，第二个重要因素是将商店的营业时间限制在上午10点至下午3点，以便马场和在那里工作的母亲在孩子放学回家后有时间照顾他们。这可能会减少总销售额，但她还是坚持这样做，因为该业务的明确目的是为社会做点贡献，而不是经济利润，大家互帮互助，母亲们方便带孩子，也能补贴些家用。该店在周六营业，以便上班的母亲有机会逛逛，而且她也接受特别预约。

我问马场，她做生意的时候都走了哪些弯路。她苦笑了一下，说道，她必须解决的第一个困难是避免向援交行业出售校服。第二个更困难：无论是作为买方还是卖方，她都要弄清楚如何为校服定价。她说，她花了三年时间来解决这个问题，因为学校那么多，有数百所，而且没有同业可参考。这是 Sunglad 能够向日本各地越来越多想要做同样事情的企业提供的最有价值的信息之一。随着其他同类商店数量日益增加，她也能够从越来越多的商店中收集数据，以便提供建议。

现在全日本大约有四十家企业接受马场和 Sunglad 的建议。不久后，她将考虑在东京设立一个办事处，以便她能与来自日本东部的游客和潜在客户洽谈。我问她，这个市场能扩展多大。她的回答是，在日本，这样的商店最多也就一百家左右。她的目标是成为一个全国性的母亲组织的负责人，获取数据并销售。当然，这些二手校服业务的增长惊扰到三个占主导地位的，甚至可以说是垄断型的新校服厂，她说这些制造商的做法是威逼利诱，让女裁缝不要为二手货物商家工作。如果来自樱屋这样的企业的竞争能迫使这些公司降价，这对各地的家庭来说肯定是件好事。

马场可以有最后的决定权。她说："我希望这种做生意的方式能有感染力。"她的意思是，她希望能鼓励其他女性做当地生意，例如，老年女性作为志愿者在商店工作，并为当地残疾儿童学校做保洁等工作。"当我开始培训母亲们［建立校服业务］时，我把它称为社群业务，尽管也可以获得一些利润。在日本，保持社群关系是非常重要的。"

◆ ◆ ◆

石坂肯定会同意马场的观点，尽管她家的生意属于比较传统的营利形式。她与马场的不同之处还在于，她本身既不是企业家，也不是单身母亲：她已经接管了她父亲的生意，且已婚，有两个上大学的孩子。她的儿子主修经济学，女儿在美国的一所大学学习管理学和生态学。她说，两人都渴望最终为家族企业工作，就像他们的母亲一样——她1992年20岁的时候就参与家族生意了。到目前为止，一切都很传统。

石坂的故事与众不同，她决定要接管她父亲公司的总裁一职时才30岁,加入公司仅十年。经过长时间的讨论,她父亲同意了,尽管他在十一年后才将公司的权力全部移交给她,这发生在她41岁时的2013年。那时,她已经改变了公司,并证明了自己在这个保守的、有些老式的行业中是一个创新者。

她是如何做到的?要知道答案,我们先要知道是什么在她如此年轻时激励她成为总裁。触发因素是媒体与其公司所在地埼玉县的居民愈发不满,抗议公司造成的工业污染,特别是对石坂产业厂址所处的三好町的。当我访问该公司时,我可以立刻看到这个行业的独特之处,特别是在日本这样一个人口非常密集的国家,在城区即使是小块土地也会用作耕地。由于运输被拆除的房屋和工厂的废料成本很高,这些材料往往在人口密集的地方就地处理。建筑材料含有大量的有害物质,分解时可能产生毒素或有害健康。老式建筑是在20世纪50年代或60年代建造的,当时对材料的管控比较宽松,或者人们对毒性的科学认识不如今天,如果被拆除的材料没有得到适当处理,就特别容易释放这类毒素。

因此,回收或加工行业很重要,但问题也不少。石坂说,让她意识到这些问题的是一系列关于废物中的二噁英污染蔬菜的新闻报道,这些二噁英是由她所在行业中使用的那种焚烧炉产生的。她说这是不公平的,因为他们公司的焚烧炉已经更新换代,对排放的废气做了更好的洁净处理,但尽管如此,当地人对他们的信任还是失去了。催促该公司停业或让其迁往其他地方的压力越来越大。

作为回应，石坂试图整饬她的公司及其形象，把它变成这个老式行业中一家高质量、有较高技术含量的公司。这种转变也反映在石坂产业的商业模式中：他们现在的收费几乎是行业平均水平的1.5倍，而且石坂告诉我："我们希望最终的要价能到行业均价的两倍。"为了收取更高的费用，该公司需要提供优质的服务，他们试图通过使用更好的技术来提高他们收到材料的回收比例，从而减少必须进入垃圾填埋场的数量，或减少客户因非法倾倒而被处罚的风险。废品供应商如果自己来细分，使其更容易回收，就可以支付更低的费用。实际上，石坂产业已经从一个垃圾焚烧厂转变为一个回收公司。现在该公司称能够处理收到材料的98%。

在挽救该公司的当地声誉方面，至关重要的是新的开放性态度和生态投资。石坂告诉我，与许多竞争对手不同，她的公司已经能够确保所有设备都放在建筑物内，防止灰尘和其他污染物泄漏出来，并且出于同样的原因，所有车辆进出时，轮胎和车身都要加以清洗。除此之外，她还邀请附近的居民进入工厂参观，包括普通参观和学校团体参观。她说，公司每年接待5000名学童，她想向他们讲授为什么需要保护环境。她说，她的目的是"告诉他们为什么材料处理是昂贵的，为什么用户必须承担成本"，但也告诉他们为什么"需要在生产商品时考虑到未来会产生的废弃物"，换句话说，要减少包装，使用更容易处理和回收的材料。

这种对教育的重视也延伸到了员工身上。石坂告诉我，当她在25年前加入该公司时，她"震惊地发现这个行业平均工资低于制造业的水平"。担任总裁以来，她一直致力于提升员工的培训和技能水平，在过去五年中，她将基本工资提高了15%，这意味着现在已经接近制造业的水平。在做到这一点的同时，通过减员改变了劳动力状况，使平均年龄从55岁下降到35岁，许多年长的工人选择了离开。内部培训的目的是让"员工看到他们为社会做出的贡献"，虽然他们从事的工作要求很高、很脏，有时还很危险。员工被要求每个月参加一次学习课程，目的是获得 ISO 环境管理规范认证。

石坂对其工厂所在的自然环境进行投资，为其社群做出贡献，也增进了与社群的关系。该公司约80%的土地由公园和农场组成，只有20%的土地用作厂房。这才有了我离开时递给我的那两块磅蛋糕。

除了考虑企业发展和环境保护外，石坂显然对女性在公司和管理方面的贡献也有很多思考。公司的员工中只有30%是女性，但管理层中有一半是女性。我问她，对于她所在的行业以及她自己的公司对女性的态度，她有什么印象。她回答说，废品处理行业当然有自己的行业协会，每个县都有分会，但目前在县级协会的负责人与其副手中，甚至还没有一名女性。在埼玉县的协会中，石坂是唯一的女性成员。

她认为，心态必须改变，无论是对男性还是对女性。"我相信，一个不能有效让女性发挥才能的公司无法生存，"她说，"男性的思维比较强势，不易改变。"我请她解释一下男性思维。她回答说："（男性）不愿意听取女性的意见，认为女性只适合端茶倒水。"她认为近年来东京地区发生了相当多的变化，但在全国其他地区还没有。但她也说，女性也需要改变她们自己的心态。"她们应该更积极地参与管理，并提出她们的战略设想。"

◆ ◆ ◆

第三位具有社群精神的受访者，在战略方面表现出超强的远见。她与其他两位不同，虽然不算是从事回收业务，但她真正地"再生"了她的整个公司。她成功地扭转了企业的局面，并多次从严重的挫折——首先是她丈夫过世——中恢复过来。不过，最大的挫折是一个社群层面的挫折，及川秀子和她的公司选择为社群做出一些慷慨牺牲，承担一些重要责任。那次挫折便是2011年3月11日的东日本大地震和海啸，即"3·11"东日本大地震对东北气仙沼地区造成的破坏（该名称让人想起2001年纽约的"9·11"恐怖暴行）。

就在"3·11"之前,这家名为及川牛仔布制品公司的情况一直很好。他们选择将两个工厂合并到一个地方,提高了效率,降低了成本。2月,及川接到英国驻东京大使馆的电话,转达了曼彻斯特一家服装制造商的请求,该制造商正在寻找"日本最好的牛仔布制造商"。但就在这次喜讯电话的两周后,灾难发生了。幸运的是,海啸引起的海水没有淹到厂房,因为厂房地势较高,可以看到海湾,但公司的仓库被冲走了,里面有大约6000条牛仔裤的库存。更重要的是,员工和附近居民失去了家园和办公的地方,工厂立即成为临时疏散中心,容纳了150人,包括一个出生才20天的婴儿。把大家安置好,成了对及川而言更紧要的事。

没有电,只能靠蜡烛照明。幸运的是,滞留在附近的一辆送货车装满原打算运往便利店的货物,里面有准备装于自动售货机的饮料,还有婴儿牛奶。及川说,大家都挤在一起。"三天来,人们都非常沮丧,因为他们失去了一切。"第三天,及川的管理本能开始发挥作用,她想办法让人们振作起来。"我把大家组织起来,分工定岗,如烹饪主管,大家分头行事,比如有的人专门负责清理道路上的碎石。没有人抱怨。事实上,这就像以前的生活方式一样,众人拾柴,一起合作。"

他们后来在泥土和废墟中发现了大约40到50条从仓库中被冲走的牛仔裤,并把它们带了回来。"看着这些牛仔裤,我哭了,"

她说，"因为在我眼里它们就是幸存者。缝线和材料都没有损坏。"这很快被NHK的记者道传爱子作为一个专访播出，他将这些"幸存者"描述为"奇迹牛仔裤"。而且，道传的这次采访也让被疏散者感到与外部世界又有了联系。4月4日，及川牛仔布制品公司得以使用发电机为缝纫机供电，重新开始生产。直到5月底，他们都没有主电源，水的供应在6月初才重新接通。直到7月24日，疏散人员才离开工厂，搬到临时住房。总的来说，及川牛仔布的一半员工失去了他们的住所，当我在2016年11月访问及川时，她仍然住在一个临时的房子里，那时离灾难发生已过去近六年。

"对我来说，从海啸中恢复指有能力自力更生。"及川这样和我说。事实上，及川制衣的整个历史就像是一次浴火重生，或者用美国人的话说，就像坐了一次过山车。

她和丈夫于1981年开始创业，改造了她公婆经营的一家制作传统和服的古老家族企业。（及川从日本本岛西海岸的新潟搬到东海岸的东北，与后来的丈夫结婚。）当时和服业务量一直在下滑，一个批发商问公司是否有兴趣生产牛仔布，以供应其他公司销售的牛仔裤。当时，及川正在当地学校教孩子们打算盘。她和她的丈夫认为这是一个好机会，而且当地有裁缝，他们可以雇用和培训他们来缝制牛仔裤。及川负责账目和管理。她说，她意识到"账目是业务的核心"。

事情进行得很顺利。但十年后,她的丈夫突然离世。他们有三个年幼的儿子。一个选择是回到她在新潟的娘家人身边,他们会帮助照顾孩子。但是公司当时有一笔大订单,所以大川决定接任总裁,自己管理公司。在她接手后不久,她凭借当地政府的一笔拨款,与县里另外11名女性组成代表团访问美国,这在当时是很不寻常的。她在俄亥俄州的寄宿家庭和纽约市度过的近两周时间,显然对她有很大的启发,特别是让她看到了全球市场和全球标准。

这次经历在20世纪90年代末的另一个挫折到来时发挥了作用。由于日本的经济增长在这个后泡沫时期停滞不前,国内对牛仔裤的需求下滑,同时来自其他亚洲生产商的低价竞争也在加剧。牛仔裤大品牌如威格(Wrangler)和埃德温(Edwin)的合同开始被海外供应商夺走。

及川的对策是,为了生存,公司确实需要设计和制造自己的产品,向高端市场发展,将自己打造成一个高端奢侈品牌,自身既是品牌,也是其他奢侈品牌的供应商。"我对我的儿子和员工说,他们应该尝试设计和制造一种他们自己真正想穿的产品。"这是一个漫长的试错过程,包括让他们的员工学习如何自己直接销售牛仔裤,而不是通过大批发商。这样的调整既费钱又费时,但及川想出了一个聪明的主意,在他们开发这些新产品时,保证公司的持续发展。"我想到了日本国内可能存在缝纫的市场,并想到了自卫队和警察，出于保密或供应安全的考虑，会在国内采购制服。"幸运的是，2001—2002年，当自卫队派遣人员为阿富汗的重建工作出力时，需要大量制服，而及川成了分包商。

在这份合同的支持下，及川牛仔裤开始建立他们自己的牛仔裤品牌"零号工作室"（Studio Zero），使用特殊的工艺和强韧的亚麻线——而这又需要新机器来缝制。及川的三儿子是一名工程师，他开发了这种新设备。及川说这是世界上第一次将亚麻线用于牛仔布的尝试，这引来了一些电视报导。现在，及川牛仔布约有20%的产量是为自己的品牌生产的，80%供应给其他品牌，且都是高端品牌。及川从其最新品牌Shiro的销售所得中捐出一部分帮助救灾。

及川牛仔布制品公司不是一家大企业，只有22名员工，而且只有一家工厂。它在下一代中是否能生存和发展，取决于它日后能否将其产品发展为高质量奢侈品。在过去的四分之一个世纪里，及川秀子，这位曾经在学校教算盘的老师，凭其领导力和决心已经为此奠定了基础。2017年11月，她把公司的总裁职位移交给了她的儿子洋，算是传给了下一代，不过她仍然在背后进行指导和激励。她的整个职业生涯都在学习领导力。

★

第四章

男性世界中的女性领导力

河野奈保,樋口宏江,寺田千代乃

早年在英国,当女性的地位开始在历来以男性为主的组织中一级级提高时,反对这一趋势的各种说法与今天我们在日本听到的非常相似。一些男性说,女性"太情绪化",无法担任管理职位——显然,这么说的人认为男性具有任职所需的理性和逻辑。

另一些男性则认为,女性天生就缺乏获得尊重或给人以权威感的能力,尤其周围大多是男性同事的情况下——这就成了一个循环,即女性地位无法上升是因为单位的员工以男性为主,而员工以男性为主是因为女性地位无法上升。女性领导管理男性下属时,有时会遭遇男同事含沙射影的黄色笑话,因为他们想妨碍女领导发号施令、树立威信。经常出现这样令人沮丧的事——我在意大利工作时，一个女人晋升却通常会被暗地里说闲话，说她一定是利用姿色甚至是性交易来获得成功。没有别的说法了。对女性下属甚至是平级的女性进行性骚扰的现象普遍存在。男性似乎觉得很难接受女性的命令，甚至是与她们一起工作。也许在某种意义上，他们被这种想法吓到了，或者在心理上被削弱了。今天在日本听到的男性偏见和担忧，既不新鲜也不独特。

如今在英国的男性中也仍然能听到这种非难，但比过去少了很多。女性管理男性的想法不再是不寻常或有争议的。但是，让女性担任领导职务，管理男女混合团队，还不是那么"正常"，还没有达到人们不去注意首席执行官或高级经理的性别的程度。特别是在大型工业公司，女性成为首席执行官或首席财务官仍然是惹人注意的事情。希望有一天，人们会对此司空见惯，但这似乎仍然是一个漫长的过程。在日本，这种期待显然更加遥远，男性的偏见和担忧仍然占主导地位。但是，正如英国在20世纪70至90年代的情况一样，一代女性领导榜样正在表明，女性当然可以在男性为主的组织中成功行使领导权。女性管理者的领导方式各有千秋，差异同男女之间的一样大，其实男性间的领导方式差异也同样大。

我采访河野奈保[1]时,她给我的第一眼印象是一个典型的笑意盈盈、衣着得体的年轻日本女人。然而,她有这样的成就和职责,又是很不典型的,她的内心显然是强硬和坚定的。她是日本乐天一叶——乐天的电子商务部门——的总裁,也就是说,日本最大的电子商务公司的总裁。她是乐天公司最高级别的女性高管,事实上,她是乐天集团中唯一担任最高执行官的女性。(自我上一次采访之后,她又多了个集团首席营销官的头衔。)她所在的部门有3500名员工,占整个集团员工的25%,有16人直接向她汇报。这16个人中只有一人是女性。在这样一家数字化、企业化、非常"21世纪"的公司中,乐天的员工普遍比传统日本公司的员工年轻。即便如此,40岁出头的河野作为一个高层管理人员来说也是非常年轻的。她的一些直接下属比她大很多。

在英国的公司中,让年纪大一点的人为你工作并不罕见,尤其是在服务行业。1993年我成为《经济学人》的主编时,才36岁,我下属的记者中可能有三分之一到二分之一的人都比我大。但我是连续第三个在这个年龄段被任命的主编,所以人们已经习惯了为一个年轻上司工作。但在日本这样的社会里,年龄是很重要的,这样的事就更不寻常了。也许很难说哪种情况会造成更大

---

1 对河野奈保的采访,2016年10月26日于位于东京二子玉川的乐天东京总部办公室。

的困难，是比你的下属年轻还是作为一个女人。河野两者都是。但这似乎没造成什么影响。

事情并非一帆风顺。"开始［当执行官］时，很多男同事嫉妒我。"河野告诉我。"现在这种情况正在改变，"她完全意识到她的成功是不寻常的，"当我得到晋升时，我团队中的男同事会说'祝贺'。女同事会说'谢谢'。"她承认自己是"为我们女性创造一个新的未来"的先锋，证明了女性也可以成为管理者。她对男女之间的差异的看法是："我认为与男性相比，女性是现实的思考者，善于处理和管理项目。男性更像是梦想家。女性往往更关注短期规划，如未来五年要怎样，而男性则考虑他们的整个职业生涯。"

正如河野所说，这或许是因为女性认为她们可能不会长期待在工作岗位上，所以专注于研究如何享受目前的生活，以及如何与同事融洽相处。这也可能使她们更无法忍受做那些看不到什么发展空间、令人不满意的工作：与男性相比，她们忍受一份糟糕的工作的理由要少得多，因为她们没有理由认为，为了长期职业利益，这种忍受是值得付出的代价。对她们来说，长期利益可能永远不会到来。

实际上，我采访过河野两次，[1] 一次是在她拥有"执行官"

1　第二次采访地点依旧是乐天东京总部办公室，2017年3月2日。

头衔的时候，那时她已经是乐天集团40名该级别人员中最资深的女性，备受关注。第二次是在她被提升为公司最高行政官后不久。这次晋升使她成为该级别唯一的女性，即成为乐天一叶的总裁。乐天是一家年轻的公司，由思想坚定的企业家三木谷浩史创立和管理。在我的第一次采访中，河野认识到她（像公司的其他经理人一样）必须花大量时间接受和回应三木谷的指示。事实上，她说她会在白天或晚上的任何时间收到他的短信。与传统公司不同，她没有长时间在办公室坐班。但在必要时，她确实会在家里远程工作，这当然包括接收三木谷的指令。

在第一次采访中，河野对她在大老板面前的角色定位相当朴实和现实。她说："我把自己看作他的想法的阐释者。"她认为，她的关键技能是沟通，时常接受三木谷的命令，并将其转化为她的团队所要执行的行动。但是，在几个月后我们进行第二次采访时，河野已被提升到更高的岗位，这种常在深夜收到短信的情况已经停止了。她说"我们是同步的"，所以"我不再是一个阐释者了。……自从我晋升后，我改变了对领导方式的看法。以前，我总是在等待我老板的指示。现在我已经改变了。我必须成为一个领导者"。

的确如此：有这3500人为她工作，她必须施展她的领导力。肩负的责任越来越大，她不得不学习不同的管理方式。"我曾经使用微观的管理风格，关注每一个细节。现在，我已经改为从大局出发，向团队展示基本方向。"正如她所说，三木谷将权力下放给她，所以她也必须将权力下放给其他人。他们必须成为她的阐释者。

我请她举几个例子。她讲了一个大案例，并且显然对此兴高采烈。这个案例涉及乐天公司处理客户对已购买但不想要了或想换货的产品的退款系统。该系统一直很慢，而且相当保守。乐天公司只接受处理商家转给他们的20%的退款请求。河野在乐天一叶最大的"总体规划"是，她想让服务更加以用户为中心，给顾客带来好的体验，让他们成为回头客。因此，她命令乐天的运营团队在短短一个月的时间内将接受的退款请求比例从20%提高到80%。这听起来很有野心。"我并没有告诉他们应该如何做。我只是告诉他们要自己找到方法。"而他们做到了：仅仅一个月后，退款接受率不仅上升到80%，更是达到了90%。

这是怎么做到的呢？答案很简单。在她做出改变之前，经办人收到退款申请，然后在给客户答复之前仔细考虑，通常要等待其上级的批准。"在日本复杂的文化中，人们总是在问、问、问。"她说。按照河野的新命令，经办人从根本上改变了这个制度。现在，除了最特殊或不寻常的情况，他们可以立即接受申请，只有在出现问题时才需要调查。经办人自己可以做出决定，无须询问其上级，因此他们感到更有权力。在新系统中，经办人不再假定要求退款的客户在某种程度上是有问题的且需要对其进行评估,而是假定他们的要求是合理的。

有时,高层管理者的形象是一个非常有动力、有野心、强硬,甚至可能是无情的人。河野给人的印象基本不是这样。她承认,下属们经常"认为我是老板,我一定非常严格。但这说明他们不了解我的个性"。相反,她说她想给人的印象是,个性开放,而且她总是希望从下往上获得信息。换句话说,她想表现为一个好的倾听者。但同时,正如河野接下来说的,"快速决策对一个领导者来说很重要"。领导者是负责做出决定的人,负责做出选择,但主要基于从下属手中获得的信息。

自律也很重要,因为在一个繁忙的公司里,有很多人要见,有很多意见要听,有很多决定要做。河野坚毅地对我说道,她给自己立了几条规矩。其中一条是,她每个月最多只和乐天的同事吃三次饭。对她来说,晚上吃饭和喝酒不能成为惯例。她说,他们"可以在工作时间进行交流。工作时间过后,我想把时间花在与公司之外的人的交流上"。

她的另一条规矩是,她要确保每天与两个新的人分享她的想法和计划,无论是公司内部还是外部的人。显然,在她的新工作中,她经常出差,既要代表公司,又要会见销售团队。我们在2017年3月见面时,她刚刚收到团队里的一些人为庆祝她晋升而送来的80朵月季,但她第二天就要去静冈,然后再去大阪,她正发愁这些月季要如何保鲜。

根据河野在我们第三次见面[1]时告诉我的情况,这种自律显然是必要的。这次见面不是由于采访,而是因为我俩都参加了英国驻东京大使馆举办的晚宴。她告诉我的第一个新消息是,她的职责中增加了首席营销官的角色。但随后她的第二个新消息是她刚刚生了一个孩子。她说,她休了两个月的产假,然后又回到了工作岗位。当被问及家庭中的角色时,她简单地回答说"我丈夫是个好男人"。

河野是一个特别的人,但升到最高管理层的人通常都是如此。她的商业才能很可能来自她的家庭,因为她父母在她小的时候都经营企业,父亲是一名顾问,她的母亲是一位珠宝批发商。她甚至在青山学院大学学习期间就开始自营小型电子商务,这是一项进口和销售意大利化妆品的业务,她经营了五年,有了盈利,这并不令人意外。她拜托她的教授帮忙检查她的公司与海外供应商签订的合同。然而,当她毕业后,她没有继续在那家公司工作,而是选择了金融公司 SBI 证券,获得了一些营销经验,在30岁出头时才加入乐天。三木谷先生和他的同事们发现了她的潜力,这并不令人惊讶。

1　2019年12月4日。

◆　◆　◆

樋口宏江也是一位女领导,对她来说,沟通技巧是至关重要的。她告诉我,[1]事实上,沟通是她工作中最困难的一个方面。与同事交谈时,"最好不要太随意","你需要下属对你有点紧张感"。她说话非常轻声细语,声音轻细到我都怀疑她的员工是否都能听到她的话。我问,为什么需要紧张感?她回道,干她这一行,工作时需要全神贯注,以避免割伤、烫伤,或者菜没做好。共有80人为她工作,其中10人是她自己的亲密团队。

樋口是一名行政总主厨,负责管理位于伊势半岛志摩市贤岛的志摩观光酒店集团的所有餐厅厨房。2016年,当七国集团(G7)世界领导人峰会在她工作的酒店举办时,她负责为安倍晋三、贝拉克·奥巴马、安格拉·默克尔等国家领导人烹制鲍鱼和伊势龙虾等当地的特色菜肴,她也因此受到了一些关注。

要成为一名顶级厨师,当然首先要具备一名厨师的出色专业技能,但与此同时,也要担负起管理职责,因为每个厨房就像战场,整个厨房的人必须像一群训练有素的士兵一样工作,顶着巨大的压力为宾客制作美味佳肴。说话温和的樋口说她"了解人们

---

[1] 对樋口宏江的采访,2017年11月28日于位于伊势贤岛的志摩观光酒店。

认为我们的厨房比别家的厨房要安静些。但当我们有很多客人时，厨房就变成了一个战场"。要想在这样的战场上取胜，保持冷静一定是至关重要的，同时也要成为一个强大而头脑清晰的沟通者。除了打理自己所在的餐厅外，作为酒店集团的行政主厨，她还必须对志摩集团的其他所有餐厅进行全面指导和管理，每个餐厅都有一个厨师团队，由一名顶级厨师领导。其他所有顶级厨师都是男性。除了樋口本人之外，集团中只有两名女厨师，不过也有一些女糕点师。

樋口告诉我，在烹饪战场上，最需要的是体力和耐力，这也是很少有女性长期留在厨师岗位上的一个原因。她说，在与她一起上烹饪学校的十个女同事中，只有两个仍在这一行。她说，抚养两个孩子，除了需要健康和坚韧，也需要周围人的理解。她所说的理解首先来自她的家庭成员，但也包括她工作中的同事。例如，如果她的孩子生病了，她不得不去学校接他们，同事就会替她的班。樋口说，她认为即使是男厨师也会这样做，因为他们也有孩子，可以理解这种压力。我想他们也知道樋口是个勤奋的人，她会补上损失的时间，如果他们需要的话，她也会回报他们。如果不是整个团队齐心协力，她做不到这些。

樋口的故事中最重要的部分也许是她与她丈夫的关系。最初，他也在志摩馆酒店担任厨师，但他放弃了这份工作，把机会留给了她。她说："他知道我有多喜欢烹饪。"他现在的工作是运送货物的卡车司机。我问，他在家的时候是否会为家人做饭，她笑着回答："有时会做。"他们有两个儿子，在我们2017年采访的时候，孩子们分别是16岁和13岁。樋口说，他们还小的时候，她总是回到家里给他们做晚饭，但现在她经常在晚上见不到他们，因为她想每天晚饭时间都在酒店工作。原则上，她每个月有8天假期，但她说，由于她喜欢工作，所以经常会减少休假。

很明显，樋口喜欢做行政主厨。但她说，现在更多的女厨师能够工作并取得成功的原因是工作环境的改善。她说，今天，厨师们对自己的工作时间有了更多的控制，可以有一定数量的假期，不再需要从清晨工作到深夜。樋口说，她希望余生都一直从事厨师工作，但她仍然意识到需要创造一个工作环境，让其他人能够轻松工作，无论他们是男性还是女性。

当她晋升为行政主厨时，一些有经验的男厨师肯定感到有些嫉妒。她说："当我从初级厨师变成主厨时，我意识到这对［我手下］那些比我有经验的人来说很难接受，他们甚至可能在我来之前就已经在这里了。"我问樋口是如何解决这个问题的。她说这很"困难"。但她说她意识到，如果她在面对男同事时过于拘谨，那也不是好事，因为这会阻碍沟通。她说，她在给男同事下达指示时，尽量使用礼貌、谨慎的用语。我问，出了差错时你们会怎么处理呢？她说，她试图在整个团队面前就失败发生的原因进行真诚公开的讨论。她说，无论在什么情况下，创造力和对员工的清晰管理对一个行政主厨来说都很重要。

◆ ◆ ◆

走进阿托搬家中心位于大阪的时髦新总部[1]，房间和走廊里摆放着祝贺的鲜花，我想起了我第一次见到该公司总裁寺田千代乃时，他们的办公室是那么不同。如果我没有记错的话，那时的办公场所是相当小而简陋的——我可能没有记错，因为第一次见面是在三十多年前，也就是1986年，当时我作为《经济学人》的驻外记者在东京工作。

我当时写了一篇文章，标题是"新一代值得关注的三家企业"，发表于1986年2月1日，报道了三家引起我注意的小型创业企业，并认为这些企业可能会引起外国读者的兴趣。当时的西方读者往往只把日本与松下、丰田和索尼等著名企业联系在一起，所以我想让他们知道，这并不是故事的全部。我参观了一家快速成长的连锁餐厅摩斯汉堡，并与其创始人樱田慧谈了他的雄心壮志。我访问了一家名为Ascii的计算机软件公司，创始人西和彦与微软的比尔·盖茨是朋友，并打算在计算机业务方面大展身

1　对寺田千代乃的采访，2017年7月6日于位于大阪的阿托公司总部。

手。我还参观了阿托搬家中心,耳畔萦绕着该公司朗朗上口的广告曲,还被一个极其不寻常的事实所吸引——他们的总裁是时年39岁的一位女性——寺田千代乃。

寺田家曾有一家小型货物运输公司,1976年,寺田向她的丈夫(也是老板)建议,他们应该转向搬家业务,把企业做大,更能盈利。他显然持怀疑态度,但同意了这个建议,条件是她来经营新公司。十年后,也就是1986年我去拜访的时候,搬家公司已经比运输公司大了很多,丈夫也在给妻子打下手。当时,寺田家的业务在日本的搬家市场占有3%的份额。当我在2017年第二次访问该公司时,它已经占有25%的搬家市场份额,而当时已经70岁的寺田仍在经营这家公司,并已成为关西[1]地区最知名的经营者之一。

她告诉我,当时她已经在运输业工作了50年,自阿托搬家中心成立以来已经工作了41年。说起半个世纪以来一直从事同样的工作,她的语气轻松快乐。她说:"日子一年年过去,都不知不觉的。"我问:"你80岁时还会工作吗?""不,当然不!"她回答说,"我给自己一点消磨的时间。"那时候,我觉得她肯定不会很快退休。但她的两个儿子正在阿托公司担任高级职务,学习所有的知识。她表示,希望"至少对他们这一代人来说,阿托将是

---

[1] 关西是指以大阪为中心的日本西部区域。

一家寺田家族企业"。果然，2019年12月20日，寺田正式从阿托公司总裁的职位上退休，成为阿托集团控股公司的名誉主席以及总裁。她的长子寺田正人接替她担任阿托公司的总裁。

当被问及她的丈夫在她手下工作的情况时，寺田思路清晰，想法很现实："我丈夫和我在工作上擅长的东西不同，但我们有一个共同的梦想，就是把公司做大。我们是这样配合的。"丈夫将公司领导权和更大的公众形象让给妻子，这当然不是传统的做法，但这就是这对夫妇在这个家族企业中共同工作了五十多年的情况。"我从来没有觉得生而为女人是一个问题。当一个人在工作时，这人是男是女，我没有真正感觉到有任何区别。"

然而，2010年，个人和家庭问题确实突显出来，寺田承认这对企业造成了损害：当时她丈夫的个人行为引发了性丑闻和官司。如果这件事发生在2018年，媒体肯定会将其与美国的哈维·韦恩斯坦（Harvey Weinstein）[1]的耻辱行为相提并论，因为她丈夫与这位美国好莱坞大亨一样，被证实以拍摄电影和广告为诱饵，引诱未成年少女与他发生性关系，并为此向她们支付报酬。

这个丑闻引出的问题（至少不是直接问题）不是寺田本人的行为。核心问题是政界女性熟悉的问题，尽管对商界女性来说可

---

1 2017年10月，美国好莱坞金牌制片人哈维·韦恩斯坦曝出性侵丑闻，被指控在过去30年间对多位女性有过性侵行为。2020年3月11日，韦恩斯坦被判入狱23年。——译者注

能不那么常见：妻子是否应该以任何方式为其丈夫的罪行负责？对于这个问题，哈维·韦恩斯坦不是相关的外国参照对象，比尔·克林顿（Bill Clinton）才是，因为其妻希拉里·罗德姆·克林顿（Hilany Rodham Clinton）多年来不得不面对质疑和名誉损失，这源于她对丈夫的性问题的态度，尤其是对他担任总统时与白宫实习生莫妮卡·莱温斯基发生关系的态度。

简单的答案应该是：不，妻子不应该为丈夫的罪行负责，甚至也不应该被丈夫的罪行所玷污，就像一个男性高管或政治领导人在其妻子有性绯闻时也不应该负责一样。然而，寺田和阿托公司的问题是，当我们谈论一个家族拥有或控制的企业时，家庭问题的解决方案变得不那么简单。这就是为什么当我问她丈夫的性丑闻对公司有什么影响时，她回答说："对于一个面对消费者的公司来说，虽然这与我们提供的服务无关，但我们不能否认，这样的案件削弱了我们的声誉，我们的业务受到了影响。"

一旦发生这样的事件，关键问题就变成了公司与首席执行官如何应对。她说：

> 我们通过责任人（即寺田先生）辞去［董事长］职务的决定，明确了责任所在。此外，我还提交了辞呈，辞去我在其他组织如其他公司或经济协会的独立董事职务。然而，我被劝说留下，因为这些组织认为问题不在于我，寺田千代乃本人。

所有这些听起来都是合理、恰当的。但更有争议的是，她丈夫在辞去董事长职务一段时间后又恢复原职了。寺田指出他作为公司创始人之一的地位和重要性，让这个结果顺理成章。最终，这是一个家族企业中的家庭问题——如果这对夫妇因丑闻而离婚，也许他就不会回到公司，但由于他们决定保持婚姻关系，他在家族企业中仍有影响力，并不令人惊讶。

家庭问题对一个女性企业领导人来说从来都不是一件容易的事。除了不听话的丈夫，还会有抚养孩子的问题。然而，寺田以典型的直率方式将这个问题摆在一边：她告诉我，她从来不觉得孩子会影响她和她丈夫发展业务的速度。她承认，（就像许多职业母亲一样）她经营和扩大业务有可能对她的孩子产生负面影响，但我怀疑她不是真的这样想。她补充说，她相信她的儿子们其实通过观察父母的行事方式学到了很多东西。在与我交谈过的如今担任管理职位的女性中，有一个相当普遍的主题是，她们的父母往往自己也在做生意。对她们来说，思考管理和商业问题可能比其他人更自然。

经过很长时间，寺田成了一个偶像人物，年轻女性经常向她请教如何建立或经营自己的企业。她对与她交谈的年轻女性相当严厉，但她的话却是有建设性的。她告诉我："虽然现在有许多女性已经开始创业，或者想自己创业，但她们往往只是作为一种爱好开始，之后才成立了小企业。"寺田认为，与其说有什么特别的障碍挡在这些女性企业家的面前，不如说"问题在于女性的想法，在于她们缺乏野心和真正的目标"。她说，她遇到的女性"经常称赞我的成功，但她们不大谈论她们真正希望自己的公司成为什么样子。她们没有为自己公司的未来画一张蓝图"。

这让人想起伟大的美籍奥地利管理学家彼得·德鲁克（Peter Drucker）曾经说过的话：每个企业领导人都需要"他们的经营理论"，一个关于企业为什么能够运转、企业目标是什么以及他们希望将企业带向何处的构想。寺田是对的，每个企业领导人，无论是男性还是女性，都需要在他们的脑海中有这样一种理论，有一个基于现实研究的宏伟计划。

当然，在我们两次会面之间的三十多年里，寺田的计划已经变更了许多次，但她的基本目标和业务理论并没有改变。她在1986年的会面中告诉我的一个雄心壮志，但很快就不得不放弃了：那就是将业务扩展到美国。这个想法无疑是泡沫时代的产物，人们普遍认为只要手中有宝贵的日元，日本公司就能进入并征服外国市场。事实上，他们在美国的业务只有日本和美国之间的运输，建立美国国内业务的勉力尝试并不顺利。

按照其他计划，该公司于2004年在股票市场上公开发行股票，以筹集资金，正如她所描述的那样，在长期的良好增长之后为员工提供奖励。但在公司上市四年后，寺田改变了主意，并在第二年借了足够的钱将公司再次私有化。她解释说，作为一家上市公司，阿托公司结果把所有的时间都花在了短期目标上，而不是追求梦想：他们只见树木，不见森林。正如她所说，他们意识到他们事实上不需要来自市场的新资本，因为他们有足够的利润，可以用他们的留存收益资助扩张。收购股东的成本很高，但该公司在2016年偿还了所有贷款，所以现在是零债务。

所有公司都会做一些新的尝试，但如果不成功就会放弃。在阿托公司的案例中，这并没有破坏或严重影响其长期计划，即将搬运业务作为一项优质服务进行扩展，以及在搬家的各个方面给千万家庭提供服务。现在，这项业务面临着一些基本的人口挑战：日本人口的缓慢下降可能意味着搬家业务量也会缓慢下滑。

我向寺田问起了这个挑战。她指出，当阿托还是一家小公司的时候，典型的日本家庭有四个人，但现在已经下降到三个或更少。家庭的数量还没有下降，尽管她预计这将很快发生。市场的规模会缩小，但可从事搬家业务的人力也会减少。为了应对人口结构的变化，也为了应对母亲们不断变化的需求和期望，寺田近年来进行了一项大的新投资：从2005年开始，阿托公司通过有组织的增长和收购，成立了一个经营180间托儿所的子公司。

这个主题将在第五章中再次出现。托儿所——或者有些人称之为日托中心，是一项大的增长业务；至少随着越来越多的母亲工作，以及单身母亲数量的增加，日托需求在不断增加。寺田说，阿托公司是全国第四大日托企业，其中123所学校自主招收儿童，57所学校通过地方当局的批准招收儿童，而地方当局则向家长提供公共补贴并管制价格。这种价格管制，加上合格教师短缺，成了这一业务发展的最大问题。但阿托的日托公司仍然有70亿日元的年销售额，寺田说目标是达到100亿日元。

因此，该业务在很大程度上仍只是搬家业务外的一个小部分，在2017财年，搬家业务占到集团总销售额1000亿日元的64.1%。其余销售额来自商业货物分销、商品直销、房地产，以及日托业务。他们希望能够充分扩大这些其他业务，使搬家和其他业务各占一半。这正体现了寺田千代乃作为公司总裁的座右铭：永远要有一个计划，一个野心，一个梦想。如她所说，这就是一个成功的企业家和一个业余爱好者之间的区别。

★

第五章

新的尝试

东光厚子，林千晶，御手洗瑞子，中村纪子

  领导力是一种很难学习的技能。领导力仅对少数一些人而言是与生俱来的，但绝大多数人需要通过实践经验来学习、掌握，一般来说，要有机会在公司的较低层级先领导一小群人，然后升到责任范围更广的更高级职位。过去，女性遇到的困难是，她们作为主要由男性管理的组织的局外人，发现很难积累这种经验。传统的学校和家庭也为男孩提供了比女孩更多的机会来学习如何领导。鉴于所有这些不利因素，对于那些确实想行使领导权的女性来说，最好的选择往往是自己创业，无论是非营利组织还是营利组织。拥有自己的企业无疑是创造自己的现实的一种方式，这样就不需要去适应别人的现实。但是这样做也不容易,而且在日本,无论是男性还是女性,创业者都属于少数。高盛援引2018—2019年全球创业监测报告称,只有4%的日本女性和6.7%的男性参与了创业活动。[1] 这就是为什么像2006年由东光厚子(Fish Toko Atsuko)发起的"日本女性领导力计划"(Japanese Women's Leadership Initiative,JWLI)[2]这样的项目如此重要和受欢迎。东光与她的美国银行家丈夫住在马萨诸塞州的波士顿,并利用他们的菲什家族基金会的资金实施该计划。他们每年从日本带一批年轻女性到波士顿做研究项目,帮助她们学习领导力以及如何创办和发展企业。东光女士告诉我,[3]最初,该项目没有得到很好的回应:日本企业不想看到或支持任何变化;日本政府"把我们视为外国活动家",认为我们主要关注的是难民和女性权利等人道主义问题;早年的申请人对她们想做或能做什么没有很明确的想法。

她认为,事情在"3·11"地震和海啸之后才真正开始发生变化,因为社会型企业和公民社会团体为更多人接受,被媒体报道,受到尊敬。东光说,现在,申请者有了更清晰的想法,对自己能做什么更有信心。成功的研究员——通常每年有四到六

---

[1] Goldman Sachs, 16 April 2019, p. 23.
[2] https://jwli.org.
[3] 对东光厚子的采访,2017年10月18日于美国马萨诸塞州波士顿市JWLI办公室。

人——被带到波士顿待四周,在那里会得到帮助去制定一个行动计划,接受关于其项目和个人风格的指导,然后在接下来的两年里,她们的进展会得到跟进、记录,每六个月提交一次报告供审查,听取建议。

显然,能去波士顿的女研究员必须是已经会说英语的,因为授课和指导大多都是用英语进行的。因此人选是从一群想做管理的人中精挑细选而来的。但该团体也并非真的那么不典型:会说英语的日本年轻女性人数多于同年龄段的男性人数,因为出国学习或积累工作经验的女生多于男生。

如今,"日本女性领导力计划"重点关注社会变化,所以多数研究员都有加入非营利性组织,而非自主创业的计划。这些社会型企业和营利性公司相比,并没有那么大的差别,尤其是对领导力、清晰的经营目标以及高度自治的管理需求等方面——尽管社会型企业不能让其创办者致富。不过,她们可以申请东光厚子发起的一个新奖项,日本的其他社会型企业家和私营企业家也能申请。该奖项叫作"变革先锋"(Champions of Change)奖,奖金为1万美元,由菲什基金会提供。本书第三章中,马场也提到,奖金在一个企业的初创阶段可能会起到不小的作用,也能给企业带来一定的宣传效果。

然而,经常给"日本女性领导力计划"研究员做演讲、兼任导师的人,是职业道路看起来"很美国式"的一位年轻女性。她是林千晶，是一家名为 Loftwork 的咨询公司的创始人，东光把我介绍给她。

✦ ✦ ✦

林千晶和我是在她公司的一个创投企业，即位于东京涩谷的 FabCafe 咖啡馆中会面的。[1] 咖啡馆里摆满了美观的大型设备，可用于3D 打印——因此被称为"fab"，是英文 fabricate（制造）的简写。顾客可以付费使用这些机器来制造产品，一般是设计原型和模型，这占 FabCafe 收入的三分之一。另外三分之一的收入来自食品和饮料，其余收入则来自将空间出租给那些希望与使用 FabCafe 的设计师和开发者社区联系（并向他们推广其产品或服务）的公司。该业务的基本点是发展该社区。

她的公司目前在日本有三家 FabCafe，在海外有八家，如在新加坡、曼谷、巴塞罗那，还有蒙特雷等城市。我问，为什么在海外开办这么多分店？林千晶说，是为了在世界各地建立人员和创意的合作网络，这样他们网络中的日本设计师社区也能很好地与世界级的思想联系起来。FabCafe 通常是与当地的合作伙伴一起建立的，所以很明显，开设每一家分店的决定因素是，是否出

---

1 对林千晶的采访，2017年12月1日于东京涩谷的 FabCafe。

现了当地的合作伙伴。最远的是在墨西哥的蒙特雷,那里有一个家庭,拥有并经营着这家咖啡馆。店主是家庭中的母亲,她是一位著名的新事物行家,她把儿子和女儿送到东京两个月,以了解 FabCafe 及其母公司 Loftwork[1],一家创意机构。

林千晶身上有吸引人注意的地方,即她给人她掌握着自己的职业和生活的感觉,这最终在与人合办 Loftwork 的过程中得到体现,但之前也有迹象。她从早稻田大学毕业,第一份工作是于 1994—1997 年为花王公司推销化妆品。她必须对女性以及她们对生活和工作的感受进行研究,她发现许多人的压力很大,尤其因为难以寻找到一份令人满意的工作。很明显,销售用于皮肤的化妆品是在处理表面症状,而不是解决任何根本问题。为了自己的发展,林决定辞职,转而成为一名商业记者。

尽管当时她不太懂英语,但她还是选择申请美国的新闻专业,因为她觉得"在日本,几乎所有的'未来故事'都来自美国",所以她想去看看这个未来的一部分。她对技术给工作和生活带来的变化特别感兴趣。她自己的积蓄只够参加为期一年的硕士课程。她申请了波士顿大学、纽约的哥伦比亚大学和威斯康星大学麦迪逊分校的此类课程,并最终选择了波士顿。

当她从那里毕业时,她只申请了纽约的工作,因为她认为那

---

[1] https://loftwork.com/en/people/?whr = tokyo.

座城市是一个变革的中心,并加入了共同社(Kyodo News Agency)[1],成为一名助理。当时,该机构的商业记者正忙于跟进报道20世纪90年代纳斯达克科技板块中与互联网有关的初创公司大潮,所以她也把时间花在了跑初创公司、新闻发布会之类的工作上。这样做了一年后,她决定在朝日新闻社(Asahi)的周刊*AERA*申请一份工作。她说,她认为朝日新闻的日报只有老人和追着棒球比赛结果的人阅读,*AERA*则是年轻人会读的。失望随之而来,但这也引发了灵感。正如她对我说的:"我没有得到我想要的工作。所以我做了我周围很多人说我应该做的事:和一群朋友一起创业。"

2000年启动(持续至今)的业务是Loftwork。这是一家设计咨询公司,创造了一个庞大的创作者和设计师网络,他们为特定项目组成团队,为公司赚取佣金。现在,Loftwork在全球十地拥有150多名自己的员工,已经参与了55000多个项目,并拥有一个由30000多名创作者和设计师组成的网络。最初,像当时的一些美国初创公司一样,Loftwork主办了一个网站,创作者可以在上面发布作品集和推销作品。现在,该公司更多地参与项目管理,组织团队,提供网络头脑风暴,以此为平台展示创意。

在纽约或伦敦遇到像林千晶这样的人,似乎是很稀松平常的

1　全称为共同通讯社,是日本最大的通讯社。——译者注

事。今天的数字化网络经济在欧洲和美国催生了许多像Loftwork这样的公司，它们与广泛的自营职业者和小公司合作。但在日本这样的国家，那样的公司和企业家领袖似乎更少，技术变革和新商业模式的"突破"概念更容易被老牌公司抵制。然而，在林千晶的经历中，有一点很清楚，那就是她从这种公司和这种生活中获得了自主性、灵活性和联结感（connectedness）。

"联结"是一个重要的关键词：林千晶也是著名的麻省理工学院媒体实验室（Media Lab）的日本联络人，该实验室是世界上研究此类问题的顶尖学术中心。媒体实验室在2011—2019年间[1]由日本创新者伊藤穰一领导，他自己在技术、创业和学术领域履历丰富，一部分在美国，一部分在日本，他也是Loftwork的股东。麻省理工学院媒体实验室的80家企业赞助商中，大约有20家是日本公司，所以林千晶在东京和其他日本城市为他们组织事项和其他社区建设活动。

她告诉我另一个关于联结的有趣想法，这个想法不是关于科技公司，而是关于老年人的。根据她和一个团队在过去两年里所做的研究（由日本政府和一个私营公司财团资助），她认为65岁

---

[1] 在身负性侵丑闻的杰弗里·爱泼斯坦（Jeffrey Epstein）给媒体实验室大量捐款并给伊藤穰一自己的创业基金投资的事曝光后，伊藤穰一于2019年9月7日辞去实验室主任一职。

以上的女性相比老年男性，往往会与其他人（尤其是其他女性）有更好的联结。她发现，这使得老年女性比老年男性更有能力和意愿参与项目和组建社会型企业。相比之下，男性在退休前的所有关系都在他们受雇的公司内，因此一旦退休，他们在更广泛的世界中的联结就会变弱。

✦ ✦ ✦

2016年11月，我在东北地区宫城县的气仙沼访问[1]时，看到了老年女性之间的这种联结。围坐在一张大桌子边的大约有二十名女性，实际上她们的年龄各不相同，但有一些人似乎差不多处于常规经济中所定义的"退休年龄"。不过，这些女性或她们的男性亲属是否大多曾在那种有退休年龄和养老金计划的公司工作，这一点值得怀疑，因为这是一个渔业社区。不过让人难过的是，这个社区因"3·11"地震和海啸造成的破坏而在日本和国际上为人所知，而这些女性中有许多人嫁给了渔民。她们聚集在这个工作室里，以自雇的方式工作，但与企业签有合同，这家企业的女总经理或者说总裁就在工作室里，给她们提供指导。我访问时，她只有31岁。看着这群务工者，我不禁想到，这群人中有

---

1 对御手洗瑞子的采访，2016年11月30日和12月1日于宫城县气仙沼。

许多人都差不多是这位总经理的母亲,甚至是祖母的年纪了。

然而,那位年轻的总裁并不顾忌年龄上的差异,以一种严格但友好的方式和大家讲话。她谈到了最近在京都举行的一次促销活动,东西卖得很好,这一消息引起了在场团队的掌声。她讲了一个故事,说一位客户从公司购买了一件产品,用了三年,觉得产品在变得更好、更适用,对此赞不绝口。这位总经理强调,持久的高品质对他们提供的产品至关重要,这种类型的品质意味着他们的产品必须有一个很长的生命周期,不像其他很多商品,摆在店里时光彩照人,之后越用越差。这位年轻的总裁最后向其团队介绍了她正在读的书,这本书是关于一位工匠大师和他的思考。这个领导力的实践旨在传达,我们也要有一颗匠心。

我后来对御手洗瑞子说(也就是上文讲课的那位年轻总裁),我越是了解她的气仙沼针织公司(Kesennuma Knitting),就越是想到一位意大利企业家,几年前我曾在意大利中部翁布里亚的美丽小镇上拜访过他[1]。他叫布鲁内洛·库奇内利(Brunello Cucinelli),我想到了他,因为气仙沼针织公司所取得的成就与他的经历非常相似,尽管前者规模较小。御手洗强调公司的手工毛衣和羊毛衫具备极高质量,实现了以任何标准衡量都极高的价格。

---

1 见拙著《好意大利,坏意大利》(*Good Italy, Bad Italy*,Yale University Press,2012)。

任何踏进库奇内利先生在米兰、伦敦、纽约或东京的商店大门的人都会知道，虽然店内主打羊绒服装非常精致，并由他在意大利的裁缝小组手工制作，但价格高得会让你感到晕眩。对我来说，花15万日元（略高于1100英镑或1400美元）购买气仙沼针织公司一件名为"MM01"的定制开衫，同样令人难以想象。但在我访问时，该公司已有两百名客户在等待，每件开衫的制作和交付都需要两年时间。那些想要更独特衣物的人可以支付19万日元购买一件特别限量版，名为 Rhythm-A 的彩色花样毛衣。但是，正如御手洗对她的团队所说的，气仙沼针织提供的不仅仅是一件简单的服装，而是为每个客户量身定做服装的整个体验，也是在整个使用期限内对这件服装的穿着体验。

在灾难发生后的几年里，人们愿意支付如此高的价格在这里买东西，有时可以归因为他们的慈善意识，他们想以此声援被破坏的社区。但尽管如此，这种意愿终会淡去，不足以支持企业持续发展。灾难过后，许多在东北成立的社会型企业早已关闭。悲剧发生九年后的今天，气仙沼针织公司是一家蓬勃发展、利润可观的企业，其高质量、高价格的毛衣和羊毛衫获得了大量订单，这一事实表明，慈善和团结并不是发展的主要原因。聪明的营销肯定是答案的一部分，就像布鲁内洛·库奇内利的经营策略。产品的质量和购买体验也必须如此。

如果阿托搬家中心的寺田千代乃见到御手洗瑞子，她定会被这位年轻的女企业家的愿景和雄心所打动。我问御手洗，她认为气仙沼针织的未来如何，她的回答是，她希望办一家百年老字号，就像过去一流的手工艺企业一样。

虽然她很年轻，但她显然不希望一直掌管公司（而且目前她单身，没有子女，不然原则上可以把公司变成一家家族企业）。她说，她觉得有必要将公司发展到一定水平，以便有可能将其移交给第二任总裁，她说，第二任总裁可能是来自外部的人。当被问及公司可以发展到多大时，她说可以实现目前产量的两倍或三倍，但不会达到十倍那么大。我个人认为，布鲁内洛·库奇内利的成功在前，说明气仙沼针织公司的扩张有可能比她所说的更多。但是，将产量提高两倍仍将是一个重大的扩张计划。

气仙沼针织的一个显著特点是，在御手洗来到东北并创办公司之前，她对针织或服装业务知之甚少。她是被一位知名的广告文案师、游戏设计师和作家伊藤重里[1]招募过去的，伊藤重里有一个想法，那就是尝试创办一些当地企业，帮助海啸的受灾社群愈合创伤和复兴家园。伊藤显然一直在阅读御手洗写的关于喜马拉雅高处的不丹的博客，并对她观察和联系那里的人以及读者的方式有了深刻的印象。因此，他为气仙沼针织选中了她，她是一个很好的沟通者，而且她在东京为麦肯锡（McKinsey）管理咨

1　https://en.wikipedia.org/wiki/Shigesato_Itoi.

询公司工作时学习了商业知识，这也令人对她有所期待。

这就是引她至气仙沼的不寻常之路：从一家著名的全球咨询公司，到不丹，再来到宫城县。在2011—2012年，对气仙沼的社群来说她一定是一个挺奇怪的人，但那时候有很多外来者来到这里，提供帮助。御手洗在当地家庭寄宿，而不是自己租房，因为海啸导致住房稀缺。事实上，我在2016年年底访问她时，她仍然和那个家庭住在一起，气仙沼针织在镇上开设的展示厅也在这个家庭拥有的房子内，以便向来访的客户展示其产品。她高兴地谈到，当她被邀请参加当地的一个节日，演奏她已经练习了几个月的太鼓时，她感觉自己已经成为社群的一员。她说，他们认为她就是"一个来到气仙沼生活的年轻女孩"。

我对御手洗的印象是，她确实很有才华，尤其是在领导方面，但同时头脑冷静。她从小上的是女子私立学校，父母都经商。她的父亲经营着自己的金属加工公司，他继承了另一个家族所有者的事业，而她的母亲则在西武百货公司担任售货员。她的母亲后来成立了自己的公司，为百货公司和其他零售商提供商品销售方面的咨询。所以，她的父母终日忙于生意，也因此，她母亲喜欢在夏天将小瑞子和其他两个孩子送去夏令营。这些夏令营通常是在国外，这种经历在培养御手洗的谈吐、国际意识和领导技能等方面发挥了重要作用。

她参加的第一次国际夏令营是在葡萄牙举行的。她当时十一岁，作为日本代表团（十二个国家代表团之一）的成员前往。这个夏令营是由美国的一个非营利组织 CISV（儿童国际夏令村）[1]组织的。她说，在参加夏令营之前，她不会说英语，因此发现很难交到朋友，但在为期一个月的夏令营结束时，她显然已经突破了这一障碍，并获得了她所说的影响深远的强烈体验。四年后，她请求母亲送她去另一个 CISV 营地，在德国。由于这次是为15岁的孩子举办的，所以是一种较成人化的体验，这意味着十几岁的参与者在管理自己的日程安排和营地事务方面承担了更多的责任。御手洗说，她发现这与四年前在葡萄牙的那次非常不同，许多学员的积极性差很多。毫无疑问，当时一起的有相当数量的爱生气、坏脾气的青少年，还有一些家伙不守规矩、喝酒，甚至跑到营地外又被抓回来。

他们每天都有一次营地会议，讨论规则和计划，夏令营时间过半时，御手洗被其他营员选举为整个营地的主席。她说，这是一项艰巨的任务，但她从中学到了很多东西，特别是认识到不同文化中价值观和方法的多样性，乃至人与人之间的差异的必要性。她后来的职业生涯，以及在气仙沼针织工作室中的表现，表明她在很小的时候就具备了领导的天分和素质，并且相当有组织和纪律头脑。

1　https://cisv.org.

御手洗说，她在十几岁时就有了一些做慈善的想法，但她决定通过申请东京大学的经济学专业，为实现这种社会目标的经济或商业方式做好准备。作为那里为数不多的女学生之一，她说她感到"作为少数人的权力"，因为别人会照顾她。

当她毕业并在东京的麦肯锡找到一份工作时，生活就不一样了，性别平等问题在那里更受到重视。御手洗说，她觉得自己和那里的男性是平等的，但这是一个非常男性化的环境，她觉得自己"需要表现得像个男人"。她的朋友告诉她，她加入麦肯锡这样的公司是"出卖了自己"。但她觉得，就像她之前在日本和其他国家的许多人一样，加入该公司提供了一个快速了解商业决策的途径，即使是一个初级职员也能迅速与高管建立联系。

她在那里只工作了两年三个月，然后在不丹有了一个机会，她决定抓住这个机会。这个机会缘于麦肯锡德里办事处，因为不丹政府找到他们，希望找一个愿意在不丹工作一年的顾问，帮助他们解决旅游业发展的问题。御手洗说，之所以向她提供这个机会，是因为大家都知道她对社会领域感兴趣，但也因为她在东京的老板认为，如果她去不丹工作一年，满足她深切感受社会的愿望，她之后可能会回到公司再待久一点。

这的确是她的计划，在她描述了不丹的"改变生活的经历"之后——在那里，女性从事专业工作比在东京更普遍。她说，在日本和麦肯锡，她感到工作与人们的日常生活相当分离，而在不丹，感觉两者更加共生：工作只是生活的一部分。我猜想这就是她现在在气仙沼针织厂为自己创造的生活，在那里，工作和其他日常问题之间的界限并不真正存在。她期望回到麦肯锡再干些年头，但后来发生了"3·11"地震，改变了她的心态，也促使伊藤提议成立一家针织公司，利用起那里妇女的传统技能。

正如气仙沼针织公司毛衣的高价格所暗示的，该公司最终所做的不仅仅是利用传统技能。为该公司工作的妇女花了很长时间接受培训和练习，以达到专业质量——御手洗的公司已经成功提高了工作质量。他们使用最好的羊毛：西班牙的美利奴羊毛、英国的蓝脸莱斯特羊毛和切维奥特羊的毛。一个新的编织工通常需要三到六个月的时间来完成他们的第一件毛衣，而且通常不能出售。如果织错了，他们会解开毛线重织，但他们最多只允许这样做三次，因为如果重织的次数过多，羊毛的触感会变。

在工作室里，我看着御手洗当着全班编织者的面对毛衣进行质量检查：她把毛衣摊在桌上，用手一点点摸过去，再贴着桌面对它们细细审视，一个瑕疵都不放过。由于我访问的时候是在冬天，我听到她向大家解释，让纱线远离热源［例如传统的日式暖桌（kotatsu）下的火炉］是多么重要，因为热量会影响纱线的含水量。

这是一项要求很高的工作,但在许多方面也有收获。我和其中一位教员田村交谈过。她在海啸中失去了两个家人,她的房子被毁了。她说,在"3·11"之后,她发现很难与其他没有受到同样影响的人在一起,这就是织衣小组运转得如此出色的一个原因:他们把经历过同样灾难的人聚集在一起。她指出,御手洗与她的女儿同龄,起初她以为她年轻稚嫩,但后来发现她有良好的国际意识和经验,觉得她挺不简单。

该公司的一个决定性特征是让编织工本人与客户接触的方式。每件衣服都有一个标签,上面有一个小小的相当可爱的编织工卡通像。在准备期间,编织工与下订单的顾客进行沟通,以便获得正确的尺寸,并发送照片,显示每个阶段的过程。一些客户在社交媒体上发布这些照片,为公司做了极好的免费广告。

御手洗不仅是该公司的雇员,她还拥有40%的股份。气仙沼针织公司成立时,依靠的是伊藤公司的支持,所以伊藤的公司拥有20%的股权,伊藤个人拥有40%的股权,而御手洗占40%。现在,由于伊藤的公司上市,他认为同时拥有公司的股份和个人的股份会有利益冲突,所以他把40%的股份卖给了北海道的零售和甜点公司六花亭的老板。

我问御手洗,她会给在学校和大学听她课的年轻人提出什么建议。她说,她给孩子们的建议是,重要的"不是你想成为什么,而是你想如何成为"。换句话说,在考虑学习什么技能或寻求什么工作之前,先想想你的理念是什么,你想成为什么样的人。

在日本,女性的作用在未来会不会增加?这个问题,我们似乎很自然会想问这样一个已经找到并开拓了自己的道路的年轻女性。她的回答是,女性的作用肯定会增加,但不是因为男人决定赋予她们权利。女性的作用会增加,是因为社会中的每个人都会发现需要女性。御手洗认为,顺着这种发展趋势,女性将会自然而然出现在领导岗位上。

◆ ◆ ◆

30年前,在朝日电视台短暂担任播音员之后,这样一位女性走入大众视野。中村纪子在毕业时加入了朝日电视台[1],但三年后又走上了当时的"正常道路",结婚、生子、辞职。她说:"生完孩子后,我在家里待了三年,但我精力充沛,不可能永远做家庭主妇。"[2] 朝日电视台为她提供了以短期合同形式返岗的机会,但她觉得不规律的工作时间对年幼的孩子来说是不合适的。她试图寻找保姆来照顾三岁的麻衣子的这段个人经历,让她有了一个生意经,而这个想法又与她离开朝日电视台时的一个早期想

---

1 朝日新闻(日报)社下属的一家电视公司。
2 对中村纪子和麻衣子的采访,2018年5月17日于东京波平斯总部。

法不谋而合。

她的新想法是成立自己的公司,给工作压力很大的父母们提供保姆服务,并于1987年成立了公司,取名"波平斯"(Poppins)。这个名字当然是取自20世纪30年代英国作家帕梅拉·特拉弗斯(Pamela Travers)写的关于保姆的著名童书《玛丽·波平斯》(*Mary Poppins*),迪士尼在1964年将其改编为一部大众电影。而更早的一个想法是她在1985年决定成立日本女性高管协会[1],以促进人脉建设,并为各种类型的女性专业人士提供支持。由于当时的女性高管人数不多,这是一个相当具有开拓性的举措。因此,通过一个协会和一家公司,她开始致力于支持职业女性的发展。

三十多年后的今天,那个小娃麻衣子已经成为轰麻衣子(轰是她的婚后姓氏),并与作为创始人和董事长的母亲一起担任波平斯的总裁和首席运营官。他们的公司是日本最大的专业保姆的供应商,同时也是日本最大的托儿所或日托中心运营商之一,拥有超过210家此类机构。该公司还涉足专业老年护理服务行业。公司位于东京广尾的总部非常漂亮、干净和现代,而且据我所知,主要是由女性工作人员组成。它是一个为万千家庭提供服务的家族企业。

---

1 http://www.jafe.jp/en.

实际上，它也越来越多地向公司提供服务，而公司又为其员工的家庭提供服务。这是日本企业和机构加速变革的一个重要标志。我们看看波平斯在过去十年中逐年新设的托儿所，可以看到其增长的速度急剧加快——2009年和2010年各新增12家托儿所，但2017年新增27所，2018年新增23所，而且其中大部分学校是代表公司和大学附设的。2018年，23所学校中有17所是为公司附设的，1所是为东京大学附设的；2017年，27所学校中有13所是为公司附设的。

从波平斯的保姆业务中也可以看出类似的迹象，该业务主要分布在东京、京都和大阪。这是一项高价服务，一直以来都是富裕家庭感兴趣的，也只有他们能够负担得起。中村解释说，他们提供三种保姆服务：高级合同，根据该合同，保姆报酬每小时2800日元，至少3小时；标准合同，每小时2500日元；以及企业合同，在短时间内（例如孩子生病）为可能急需的母亲提供支持。中村和她的女儿麻衣子告诉我，这些企业合同的数量正在激增：2017年，该企业有380份这样的合同，到2018年5月，已经超过了500份。这些不仅仅是为私营企业服务。波平斯还与东京警视厅签订了合同，因为在该机构的43500名警察中，有4100名女警，而警视厅想要提高这一比例。中村将这份合同描述为"来自天堂的甘露"，因为它让其他大约六个地方的警察机构纷纷效仿，签订合同。通过日本邮政，他们还与一些地方邮局订立了合同，而日本全国有24000所地方邮局。

如果女性要将事业和母亲的身份结合起来，儿童保育设施供应的增加是至关重要的。第二章指出，首相安倍承诺大力发展包括托儿所在内的儿童保育设施；虽然这方面已有相当的进展，但供需之间仍然存在差距。中村和阿托搬家公司的寺田称，主要障碍是托儿所师资短缺。

中村说，在她从业的三十年中，她一直在争取放宽各种规定，现在她的一个主要不满是托儿所教师必须获得资格的规定过于严苛。一般来说，这类教师或者在专业学院学习两年，或者是本科毕业，多数是短期大学毕业，他们可以参加全国考试。其中只有14%的人通过了考试。日本有669所专门学校，每年培养约35000名毕业生，但只有不到一半的人最终在托儿所担任教师。其他收入更高的工作形成竞争，将其他人吸引走了。中村说，她正努力向政府申请，让有相关经验的人不必有正规资格即可担任教师。她还试图说服政府对育婴服务的使用行为进行减税，这将使工作的母亲更能负担得起，并鼓励更多母亲继续工作，而不是成为全职家庭主妇。波平斯遵循的保姆服务模式源自英国一所历史悠久、备受尊敬的学校——位于巴斯市的诺兰德学院[1]。诺兰德学院成立于120多年前，正是培养小说神奇的主人公玛丽·波

1　http://www.norland.ac.uk.

平斯的地方。诺兰德的一贯目标是，保姆应该是专业人员，在儿童护理和发展的各个方面都受过培训。这也是波平斯商业模式的核心所在。长期以来，阻碍保姆业务发展的一个因素是，他们几乎不可能从国外引进保姆：如第二章所指出的，外国侨民有可能获得这方面的签证，但日本的母亲却不能雇用外籍保姆。改变这种情况，允许外籍保姆接受专业培训，将有助于减轻职业母亲和日托机构的压力。然而，政客们竟然对这个想法充耳不闻。他们往往对新的举措置若罔闻。

★

第六章

闪耀政坛

小池百合子,国谷裕子,林文子

有一个评判标准可以用来衡量日本女性在公共生活中的参与度,而在这点上日本在全世界总是排名垫底。这个评判标准就是政治参与度:议会成员、都道府县知事或市町村长官中女性的占比。根据各国议会联盟(Inter-Parliamentary Union)的数据,截至2019年3月,仅13.8%的议会成员(包括众议院和参议院议员)[1]为女性,日本的这个比例在193个国家中排第165名。截至2019年3月,47位都道府县知事中,仅有两位是女性(分别是东

---

[1] Nippon.com,2019年3月8日。报道当日,众议院女议员占比为10.2%,参议院的为20.6%。

京都和山形县的知事),而在日本的1718个市町村中,仅有28位[1]女长官,占1.5%。在很多衡量性别平等的标准上,日本的得分至少略高于韩国,但不是在政治方面——在这个方面,日本的排名是倒数的。不过,已经有几位先行者想要改变这个局面。上述关于28位女市町村长官的统计数据,是其中的一位——横滨市市长林文子告诉我的,[2]她于2017年第三次当选横滨市市长。林市长在2009年首次当选的时候,是横滨历史上第一位女市长,而小池百合子后来在2016年当选东京都知事的时候,也是东京都第一位女知事。其实,林和小池在此之前的职业生涯中,已经很习惯于成为"第一位女……"了,比如,林文子曾经是尼桑汽车销售有限公司(Nissan Auto Sales)和日本大荣公司(Daiei Corporation)的第一位女董事长,小池曾是日本第一位女防卫大臣。

与这两位很厉害的从政者见面——她们二人的领导风格和方式各不相同——很容易让一个外行人有所错觉,以为日本女性即将在政治领域大显身手了。东京和横滨的年均GDP加在一起,大致占有日本全国年均GDP的40%。但这样的信息具有误导性。在公司和其他组织中,人们大可以对女性发展的前景表示乐

---

[1] 截至2017年10月。
[2] 对林文子的采访,2017年10月5日于横滨市长官邸。

观,但在政治领域,快速发展比较难以实现。

在其他国家,即便是在那些对性别平等问题很保守的国家,女性在政治领域的进步通常比在其他行业的进步要快,原因很简单:在政治生活中,要克服各种障碍,在相对年轻得多的时候凭个人魅力晋升,比在其他领域一般要容易一些。年轻女性通常做得特别好。毕竟,一个民主国家的选举看重的是参选者本身及其形象,而非一整套严格的技能或资格,而且有一半的选民是女性。这并不是说,其他国家在政治上做到了性别平等,事实远非如此。比如,美国和法国还从未有过女总统,意大利从未有过女总理。尽管如此,女性在那些民主国家的政治上已经崛起,担任各种要职。

我于20世纪80年代作为外派记者在日本生活了几年,当时土井多贺子升任日本社会党[1]委员长,甚至(1993年)坐上众议院第一位女发言人的位子,这让人预感到有些事情可能会发生变化。但是,这很具有误导性,就像当初英国人觉得性别平等的实现指日可待,因为玛格丽特·撒切尔在1975年成为保守党的第一位女性党魁,1979年成为英国第一位女首相。撒切尔夫人和土井多贺子都是极端个例,不足以说明将会有一种新气象出现。2017年10月,日本众议院的选举证实了这个事实:议会女议员的比例

---

1 亦称日本社会民主党。——译者注

同1946年第一次战后投票选举以来的所有选举中的低比例相比，令人遗憾地几乎没有变化。作为对那次不如人意的选举结果的回应，2018年5月，议会通过了一项法律[1]，号召各政党在全国性和地方性选举中，要使男女候选人之间"尽可能平等起来"。但是该项法律不具约束性，因此不可能引起多大改变。

不过，有一个领域可以使女性在政治上发挥重要作用，那就是做关于政府和时事的电视节目，在此过程中她们可以对从政者提问，也因而可以做政治新闻。我去东京都政府厅舍采访小池知事的时候，她进采访室开口对我说的第一句话是："艾默特先生，您可曾记得我们初次见面的时候啊？"我承认我已经记不太清楚了。她说道，我们初次见面的时候，她正在给著名媒体人竹村健一主持的日本电视台的谈话节目做助理。至于具体是哪一天，我们都记不确切了，但肯定是在20世纪80年代，因为到了1985年，她已经成了东京电视台的一名电视主播；她进入政坛是在1992年。她最初是一个叫作"日本新党"的小党派的成员，2002年才加入自民党。对我个人来讲，我是那种永远不会涉足政坛的记者，因为我不喜欢给自己塑造一个公共形象，不喜欢妥协，也不愿意被迫无法兑现承诺，而且我觉得另一位因做政治话题的采访而闻名的女主播——国谷裕子和我的情况是一样的。

1　https://www.japantimes.co.jp/news/2018/05/16/national/politics-diplomacy/diet-passes-nonbinding-legislation-aimed-increasing-women-politics/#.XhtPVS2ca94.

作为NHK自1993年开播的节目《现代大特写》(*Close Up Gendai*)的主持人，国谷在她主持这档节目的21年中，采访过几乎所有国内外政要以及其他领域的知名人物。但是在2016年，她似乎因为某个政治原因而失去了这份工作：她和我说，[1] NHK的老板们似乎受到来自自民党内部某些高官和首相安倍工作团队的压力，认定她对政要和高官们的那种直接、多面切入、紧追不舍的提问方式不再恰当。

她改变自己的风格了吗？国谷说没有，事实证明她是对的。改变的是政治，尤其是NHK的管理政治。公共节目的主持人在报道的时候必须认真坚持公平和平衡。在英国的BBC（英国广播公司）或日本的NHK，节目主持人一直以来都希望在整个报道中平衡各方观点：如果有些节目批评特定的政策或观点，那么电视台必须确保另外的立场和观点有机会在其他收视率较高的知名节目中播出。如果每个栏目都被强制去做到平衡，会不切实际：比如，像《现代大特写》这样的访谈类节目如果制作一期和秘鲁总统阿尔韦托·藤森（Alberto Fujimori）的对话（在他1990—2000年执政期间），且提问比较犀利，那么就可能要安排采访另一个人来赞美他。而如果在一个每天只有26分钟的节目中这么做，就会让节目变得无趣，且会让能够涉及的话题减少，观

---

1 对国谷裕子的采访，2017年2月28日于东京帝国酒店。

众很快会流失。

电视采访政治人物的真正意义在于,记者代表公众向他们提出直接而成熟的问题。换言之,他们应该让受访者能够投入,不咄咄逼人、有失偏颇,而是要坚持不懈、不偏不倚地替观众去追问真实的答案,带来启发。采访人是替公众提问,着眼于公众的利益。这也是国谷凭借《现代大特写》成名的很重要的原因。通过这样做,她甚至不需要亲自去从政便具有了真正的政治影响力。

她为人亲和谦逊。当她被迫离开 NHK 的主播岗位时,很多人都鼓励她要为了新闻独立和自由言论而声讨一番。很显然,任命 NHK 的外部人员而非内部人士为其执行长的政治性决定(她说,这些决定开始于福田康夫首相[1]执政期间的2007—2008年),就说明了上层对政治访谈节目的态度。针对这个国家的公共广播电视服务的政治影响在加强。但是她说,她被排挤的时候,并不想让自己表现得像个殉道者,因为"那样很可能会给继续留在 NHK 兢兢业业工作的所有前同事带来麻烦"。做出那一决定的并不是节目组,而是电视台高层。所以她决定继续低调行事,尤其是在她离开后的第一年里。

很多记者则不然,面对政党尤其是首相府的强制干预,他们

---

[1] 日本第91任首相(2007年9月至2009年9月)。——译者注

往往会到处去理论，强调这种做法危害新闻报道自由，影响公众对政治的了解。我倒是希望国谷还是记者的时候，遇到这种事，也会那样做，而不是默默承受，但毕竟每个人有各自的考虑。面对国谷和当时其他节目的几位知名主播的离去，许多人为他们打抱不平。国谷并没有对新闻报道和公共放送做出评论，而只是说，她现在希望她影响了人们对可持续发展的理解。这是一个记者比较恰当的姿态：在报纸和电视上，记者要就重大问题，像布道者和公共教育工作者一样发声。

毫无疑问，国谷认真出色地工作了二十多年，已经为自己赢得了发声的权利。早在1987年还在纽约的电视台而不是东京总部工作的时候，她就崭露头角了——这在一个大型的电视台里是很不容易的。当时她从罗德岛的布朗大学完成学业后就住在纽约，做着调研员和翻译的工作。那时她也已经30岁了，所以她说"我当时不是因为年轻貌美而被选中的"。那个时候，NHK的商业卫星频道才刚刚开通，国谷谦虚地说她"觉得自己的日语不是很适合播报"，但是NHK的制片人说，"没事的，反正没人看"，因为国谷那档新闻节目播出的时候，日本时间是凌晨3点。

之后NHK让她回到日本做国际新闻的主播，她抓住了这个机会，但她说，那是一次严重的挫败。她工作经验不足九个月，"天真地以为自己能行"。她说，她露了怯，那个节目她只做了半年，就被换下来去做现场电视记者了。但是一年之后她从那个岗位也下来了。这显然对主持人工作和整个职业生涯来讲是个很艰难的开端。但国谷认为这对她是有益的:"失败让我决心一定要成功","让我工作更加专注"。

有两个因素帮助她从挫折中一次次站起来。她说,一个是她丈夫的支持和对她的建设性批评,他是个律师。"当电视主播很棒的一方面是,你的伴侣能真切地看到你的工作,所以他也真实地看到我窘迫的时候。"另一个因素是,当时那个阶段——1989年至1993年——对报道世界新闻而言是个非凡的时期:苏联解体,柏林墙倒塌,第一次海湾战争,等等。这让她得以有机会给NHK做一些较高强度的主持工作,她确实从工作中学到不少,而当时熟知世界新闻的节目制片人和主播都相对较少。也正是在那个时候,也就是1993年,NHK决定开办《现代大特写》这档每日播出的政治讨论节目,并让国谷试着来主持。

当时,日本的政治也经历着大变革:自民党内部分裂,选出1955年以来第一个非自民党的党派来执政——首相是细川护熙,巧的是,他在此之前曾邀请小池加入他的日本新党来为参议院竞选。所以NHK希望这档新节目能够成为聚焦和解释当前政治风云变幻的主场地。我听着国谷跟我讲那档节目开办之初的种种,想到二十多年后发生在她身上的那些事,都源于政局变化,不禁感到很讽刺。她因一个变化得福,后来却成了另一个变化的牺牲品。

国谷说，和政治一样，在电视台工作对女性来说也是艰难的，因为工作时间太长，新闻的主导性太强，任何想平衡工作与生活的想法都必须抛弃。这使得电视台成为一个非常男性化的环境，她的所有上司——节目的主编——都是男性。回想过去，国谷说，她认为自己"被认可是因为她迎合了男同事的工作方式，晚上工作到很晚，同意在周日开会。我觉得我不是一个好的女性榜样"。

她很可能就是她工作的那个时代的产物。在20世纪90年代，没有真正的选择。但是她有名有权，不可能只做一个追随者。她告诉我："当你在一个团队中工作时，你应该不停问自己：'我可以增加点什么价值？'"她说，她的答案是通过写稿和讲稿的方式来增加价值：她不要仅仅成为别人话语的传声筒。她以自己的方式重写稿子，坚持让她的同事检查她的工作，主要不是听她读稿，而是听她的播练。

事实上，写稿时，她说"我故意用不太好读的文风，这样他们就不会把稿子拿走，自己来改写"。这是让自己获得影响力的一个妙招，在一个男性主导的环境中保持对自己作品的控制力。她说话时向后靠了靠，笑着说："我以前从未对任何人说过这些。"

◆ ◆ ◆

日本政界肯定一直在等着看另一位前电视女主播小池百合子如何应对2017年众议院选举失败的好戏：这会让她更加坚定地走下去，还是让她相信已经到了自己的上限？在这些选举之前，她曾一度成为日本最热门的政治财产，甚至被认为可以接替安倍晋三成为首相，无论是通过重新加入自民党（她在2017年5月成功赢得东京都知事职位后，在该党的反对下离开），还是以自己的新政党横扫选举委员会。2017年7月，小池所在的政党"东京人第一党"，与在国家层面的政府机构中与自民党合作的公明党[1]进行了大胆的联合，在东京都议会选举中赢得了激动人心的胜利。对于那些热衷猜测的分析家来说，这似乎是吸引公明党在适当的时候在国家层面更换合作伙伴的先兆。但"适当的时候"从未到来：首相安倍选择在10月举行紧急大选，以预先阻止这位受欢迎的东京都知事介入国家政治。

由于没有时间准备，小池决定不参加全国选举，声称要在东京好好干一番，因为她前一年才当选。她匆忙拼凑起来的全国性政党，即名称奇怪的"希望之党"（Kibo no To），不得不在没有

---

[1] 公明党（大意为"廉政党"）与一个主要佛教团体创价学会有密切关系，且自2012年起一直与自民党联合执政。

她作为领袖的情况下参选,而且表现很差。以前的主要反对党日本民主党在选举前突然解散,有意投靠小池,但小池和她的党内同事决定拒绝这个提议。一个唾手可得的机会错过了,而一个从民主党分离出来的、自称是"日本立宪民主党"的政党赢得了比"希望之党"更多的席位。

我在2017年初第一次采访[1]小池都知事时,她是一颗冉冉升起的政治明星,因此,我觉得有必要请求对她进行第二次采访[2],向她了解这次政治挫败——这次挫败发生在大选后不到三个月,距离第一次谈话大约一年。她和她在东京都政府的通讯团队设定的一个非常严格的、有点烦人的采访规矩,可能使这第二次采访的请求变得容易通过了:他们把采访时间限制在20分钟以内,并且要严格执行这个时间限制规定。这很可能是她自己的规定,而不是东京都政府工作人员的规定,因为政府机构实行如此严格和普遍的限制是很不寻常的。不管心里如何看待记者,政客们一般不会去惹恼他们(当然,唐纳德·特朗普是个例外)。但是,曾经当过记者的小池可能已经认定,在某种意义上,少即是多:保持简短的采访可以降低风险,使她能够以有效的方式发布信息。

两次采访都非常友好,但有一个关键的区别。2017年2月,

---

[1] 对小池百合子的采访,2017年2月27日于位于东京新宿的东京都厅舍。
[2] 对小池百合子的采访,2018年2月13日于位于东京新宿的东京都厅舍。

尽管她的工作人员坚持让我带着翻译来，但小池都知事决定用英语回答我所有的问题。她的英语没有国谷那么好；她年轻的时候选择在开罗学习阿拉伯语，而不是像她的这位同行那样去了美国。不过，她的英语还是很不错的，而且说得很自然。然而，在我2018年2月的第二次采访中，小池都知事选择主要用日语回答。我们谈论的是政治和选举的一系列影响，所以她无疑希望做到准确和谨慎。

她的回答相当犀利和惊人。当我提出第一个话题，即请她描述在众议院选举中的经历时，她立即用英语笑着说："我忘了。""那段经历怎么样？"我又问。"哦，我很享受。"她回答。但随后她换成了日语，并给出了一个更加严肃和谨慎的答案。她说，她和她的"希望之党"只进行了有限的竞选活动，但仍在比例代表制的席位中赢得了近1000万张选票。她说："这表明人们对目前的政治状况是多么不满意。"但是，她继而承认，她"没有能够实现改变日本政治的最初目标"。

她不无感慨地说，与其他国家相比，日本的变化来得太慢了，有太多的规定、法律和条例阻碍了它的发展。此外，在了解了我的研究实质后，她还说，"女性发挥的作用还不够"。但显然她的政党本身的影响力是不够的，选举开始时，她对日本民主党突然解散的反应被证明是失策的。

几乎所有政治评论家都会说，小池已经完蛋了，她这颗政治明星正在陨落。鉴于她掌管着极其重要的东京都政府，且她管辖的城市将举办奥运会，再加上政治情势变幻莫测，这种判断为时尚早。2020年新冠肺炎疫情中显示的一些迹象也证明了这点，因为小池和其他一些有名望的知事在决策和关于危机的沟通上比安倍显得更加果断、一致和清晰。安倍晋三的声望下降了，而他们的声望——尤其是小池和大阪府知事的声望——却上升了。在本书出版时，她将在2020年7月5日的东京都知事选举中竞选第二任期，而且获胜势头很好。[1]

在2018年的那次采访中，我问她对自己在国家政治中的未来有何看法，她的回答干脆而坚定："我根本不打算参加国家政治竞选。"她强调说，现在没有全国性的选举，她打算集中精力做好东京的工作。我问，她在东京的任期结束后要做些什么。她又一次说："我根本无意于国家政治。"我说，但之后肯定会有所不同。"我都不知道到那时我是否还活着。"她玩笑着说道。我继续追问。"不会就是不会了。"她回答。现在，我想知道这场疫情是否会改变她的这种看法，因为全国大选最迟要在2021年10月举行。

尽管她已将自己排除在国家政治之外，但她很有礼貌，也很有兴趣回答我的下一个问题，即她对宪法改革的看法，因为这仍

---

[1] 竞选当日，现任知事小池百合子以绝对优势获得连任。——译者注

然是国家政治中最大的问题之一。她的回答很宽泛，也很有野心。她认为日本宪法"现在就像一份古老的文件，没有一个字被改变。在目前的宪法中，只有一小条规定是关于地方政府的。我们需要审查整个宪法，并改变需要改变的东西"。

我很自然地问她对第九条的看法，即所谓的和平主义条款，该条款对日本的军事做了一些限定。她的回答相当明确："我对把自卫队完全纳入宪法是否合适有疑问，因为宪法高于常规法律。自卫队只是一个政府实体。"换句话说，她希望第九条能彻底废除。其他国家通常不会在宪法中提及他们的军队。虽然这位现代化倡导者（前防卫大臣）在国家政治中没有直接责任，但她甚至比她的许多前自民党同事更主张使国家宪制正常化。

在我们的两次采访中，我问小池对女性的作用，以及可以做些什么来促进女性发挥更大的作用等方面有什么看法。她的态度是，情况正在改善，但还不够快：她指出日本在世界经济论坛的性别平等指数下降，这说明其他国家比日本做出了更多的努力，改善得更快。她非常强调需要改变企业、省厅和东京都政府等组织中男性的工作方式。她告诉我，即使在2007年她担任第一届安倍政府的防卫大臣时，她也清楚地看到了这个问题："国防学院考试的优秀毕业生总是女性。但在她们的职业生涯的后期，男性取代了她们。"

与横滨的林文子市长一样，小池所在的东京都政府一直在努力为日托设施投入更多资金，以帮助女性留在工作岗位上。"现在，东京的求职者比例几乎是每份工作有两名求职者，"她说，"存在着巨大的劳动力短缺。"她们正"努力确保东京的7万多名婴幼儿能够获得保育服务"，这意味着"将有更多女性能够留在工作岗位上"。她说，在东京都政府，他们正在努力促进企业工作方式的改变，特别赞扬那些允许女性员工在晚上较早下班和更灵活地处理家庭问题的公司。他们甚至在自己的员工中组织了"婚活"[1]相亲会，以帮助提高结婚率。

然而，她承认，帮助男性和女性在达到退休年龄后继续工作也是可取的。"养老金制度是基于旧的人口金字塔，"她说，"但它不再适用了。通过继续工作，人们可以对社会有更多的归属感。"她笑着说，她对退休的男人有一种怜悯，因为"他们觉得没有领带和名片，就没有身份"。她说，对他们来说，最好是有班可上，有一个身份。

在我的两次采访中，有不少来自东京都政府的官员与我们围坐在一起。当我采访林市长时，在横滨的市长官邸，我们也是这样一群人围坐谈话。然而，这两个场合给人以不同的感觉，我那一向善于观察的译员事后向我指出了这一点。当林女士引用一些

---

[1] "婚活"一词最早出现于日本社会学家山田昌弘和记者白河桃子合著的《"婚活"时代》一书。这两名作者把日语"婚姻"和"活动"两词合成"婚活"一词，意为一切与结婚相关的活动。——译者注

数据时，下属官员中经常有人插话，当然是礼貌地纠正或补充。当小池引用一些数据时，她的下属官员中没有人说什么。两位领导人的风格截然不同：小池给人的感觉是她是老大，而工作人员只是在那里观察和记录，不敢大声说话；而林这边更像是一个团队，所有人都被鼓励着发表自己的意见。但她们来自不同的背景：小池是以电视女主播的身份成名的，这是一个相当（尽管不是完全）个人主义的角色，而林在商业领域有长期、成功的职业生涯，是管理团队的人。

◆ ◆ ◆

作为一名企业领导人，林文子出人意料地低调。她曾在汽车销售方面非常出色，[1] 1977—1987年成为本田公司的顶级销售人员，1987—1999年在日本宝马公司担任经理，1999年成为大众日本公司总裁，2005年成为连锁超市"大荣号"（Daiei Inc）的董事长兼首席执行官，随后在2008年成为日产汽车销售公司总裁。不知何故，冠军销售员（更不用说公司总裁了）给人一种刻板印象：支配力强，说话很快，甚至很大声。林文子则不然。她显然一直非常重视客户和团队合作，现在谈起作为市长的工作，就像

1　https://www.city.yokohama.lg.jp/lang/residents/en/mayor/profile-en.html.

谈一笔生意一样,丝毫没有咄咄逼人和霸道的感觉。

在我与她会面的地方,这种行为无论如何都会显得相当奇怪。横滨的市长官邸不是一座宏伟的建筑,但非常有特色和历史感。它建于1927年,风格让人想起装饰艺术和弗兰克·劳埃德·赖特(Frank Lloyd Wright)的建筑,这位美国设计师本人也深受日本设计的影响。与大城市经常为市长建造的那种房屋相比,该建筑的面积相当小,但它有一座迷人的花园,可以很好地看到市景。我看到窗边的椅子上有一副望远镜,旁人告诉我,林市长喜欢用它来观察花园里的鸟。随后进入会议室的是一位身材娇小的女士,面带微笑,样貌谦逊。

她在2009年首次当选为市长后的前两届任期内,最大和最引人注目的成就是推动横滨市完全消除了儿童保育的等候名单。在这方面,横滨是令邻近的东京和许多其他城市羡慕的。林市长说,起初,市政府官员不愿意接受零候补名单的目标,认为这是不可能实现的,因为如果日托供应增加,需求也会增加,这意味着他们将追逐一个难以捉摸的、不断移动的目标。在汽车销售业务中习惯于朝着目标工作的林文子,坚持并最终实现了她的想法。

由于我们的谈话是从儿童保育开始的,我便问林女士,在她的工作范围内还有什么是关于改善女性的职场和社会作用的。她列举了三个主要方面。首先,她说,妇女"需要榜样,而这样的榜样很难找到"。因此，横滨市组织了一系列会议，邀请成功的女性专业人士出场，并鼓励女性建立她们自己的联结网络。

其次，该市一直在"培养女企业家"，为新成立的公司提供共享办公空间，并有顾问提供建议，提供低息贷款和设施，让企业家可以检验其想法，甚至是她们的产品模型。她说，在这种鼓励措施之下，该市"有221名女企业家在六年时间里开始创业"。该市最近对这些公司进行了调查，发现80%仍在经营。

最后她赞许地说，现在横滨的许多公司都在为员工提供管理和提升多样化的培训。她是在对手政党（当时的日本民主党）的执政下当选的，但她还是积极评价了安倍政府自2012年以来为提高女性的劳动力地位所做出的努力。她自己的管理理念与安倍政府鼓励男女工作方式改革和不鼓励加班的倡导特别契合。

1965年，林文子高中毕业后就直接参加工作了：她既没有读短期大学也没有读本科。起初，她在东丽株式会社、松下电器产业公司（Panasonic）和其他公司担任助理，然后于1977年加入本田横滨汽车公司。在那里，她在第一年结束时就成为公司的顶级销售人员，这让她的男同事感到惊讶。她在松下工作时遇到了她后来的丈夫，他们育有一女。当她后来被邀请担任宝马日本公司的总裁时，她征询了他的意见，因为不确定自己是否能胜任这份工作。"接受吧！"他说，"为什么不呢？"

我问：在那时候的汽车行业，能真正做到工作和生活保持平衡吗？她说，根本不可能。她说，当她成为一名经理时，"我确定，这真的完全取决于领导。因此，当我自己当领导时，我把自己的事情安排好，以便能够较早下班，树立一个榜样"。作为经理和后来的公司总裁，她说她"不断提醒员工，不必太辛苦，如无必要不用加班"。我对他们说："早点回家吧。"

她在横滨市政府延续了这一风格："我告诉加班的人：'这里不是你的家，你不能未经允许就使用这里的电和办公设备。'"她的印象是，与20世纪60年代和70年代相比，这些工作方式的问题对非管理层的女性来说已经好得多了，她们现在可以"从事足够灵活的工作，以适应她们的生活方式"，但这个问题"对管理层的女性来说还没有解决"。在她看来，加班的压力仍然是个大问题。

她认为，管理者需要在他们和员工之间实现更高层次的共情和理解，而表现出共情仍然"太不常见"。我问她是否有她钦佩的具有这种特质的日本高管。她立即回答说是稻盛和夫，他是京瓷（Kyocera）的创始人，后来成为日本航空公司的董事长。她说，有很长一段时间，"我的枕边放着一本他写的书。每当我遇到麻烦时，我就会回去再读一遍"。她说，他在2010年接下破产的日本航空公司担任董事长时，举办了一次新闻发布会，让她印象特别深刻。她说："他接下这份工作不是为了重组公司，而是为了让员工重新获得快乐。"这听起来比较感性。但"以人为本的管理"是她的一贯主张：快乐的员工更有生产力，工作会更努力，要实现这一点，企业管理者对他们的共情是必要的，而企业管理者最难学会的事情之一是如何给予员工赞美和鼓励。

林文子认为，事实上，女性"比男性更善于接纳和共情，更善于感同身受。这些特质对管理非常重要。正因此，我认为让更多的女性担任高层职位很重要"。她说，同样重要的一点是，"管理人员应该向员工展示自己的弱点。我展示了我的弱点。这有助于让员工支持他们的领导"，并激起更多的共情心。

我问：在政治上也是如此吗？在政治上展示自己的弱点是正确的做法吗？

林市长不寻常地回避了这个问题。她说，市政府与其他级别的政治活动不同，因为市政府的工作人员更接近人民，在执行中央政府的一些政策时，也提供服务。她说，你不能"对市民隐瞒任何事情"。我想我见过很多有所遮掩的市长，但我赞成她的看法。她坚信这一点。林市长对此确定，她要想市民之所想。

★

第七章

创作艺术，诠释生活

筱田桃红，西本智实，河濑直美

本书的相关田野调查始于2016年春天，当时我去拜访并采访[1]了103岁的艺术家筱田桃红，在她生活和工作了七十多年的东京青山的工作室里。这位女士看似虚弱，在我眼里像一只穿着和服的瘦鸟。她向我展示她在20世纪40年代从东京神田的一家商店买来后一直用着的巨大砚台，那一刻我明白她的艺术的一个重要特点是物质性。我猜想，她每天与她的画笔、墨水和颜料之间的实在联系，对她的生活和艺术来说，几乎比她所思考的更重

---

1 对筱田桃红的采访，2016年4月12日于东京青山。

要，甚至可能比她感受到的东西还要重要。几个月后，当我看着当时48岁的管弦乐队指挥西本智实，在进行一天中的第三次排练时，我有一种相似的感觉。她的体力消耗，她的精力展示，她的身体参与，都在她的音乐中起到了核心作用。仅仅坐在那里看着她和乐队的状态，我都觉得很震撼。

筱田的艺术探索最初是抽象的水墨画（sumi-e）[1]，但自1940年她在东京举办第一次个展以来的80年里，她的艺术已经发展到了更抽象的形式，尽管仍然经常涉及鲜明的书法元素。[2] 在她的艺术作品中，我见过的最难忘的一件是东京芝公园旁边柔道寺里的100英尺[3]长的壁画，由巨大的书法黑墨形状和白色空间穿插组成，这是她1974年画的。20世纪50年代，当被称为抽象表现主义的艺术形式在纽约流行时，在杰克逊·波洛克和马克·罗斯科[4]等艺术家的引导下，她开始在国际上闻名，她的一些作品曾在现代艺术博物馆展出。1956年至1958年，她在纽约待了大约两年，每两个月更新一次签证，并巧妙地避开了外汇限制，而任何日本人如果要实现这样的旅行，都需要外汇。巧的是，那一年

---

[1] 水墨画，东亚流行的一种艺术形式，源自中国唐朝时期（618—907）。
[2] https://www.tokyoweekender.com/2019/03/5-things-might-not-know-toko-shinoda.
[3] 约30米。——编者注
[4] 杰克逊·波洛克（Jackson Pollock，1912—1956），美国抽象表现主义绘画大师，被公认为美国现代绘画摆脱欧洲标准，在国际艺坛建立领导地位的功臣。马克·罗斯科（Mark Rothko，1903—1970），生于俄国，美国抽象派画家，抽象派运动早期领袖之一。——译者注

正好我出生，所以当她谈到1956年的纽约时，我感受到我们年龄和时代的差异。她说："我认为美国是一个伟大的国家，就因为这么多顶级画廊都由女性拥有。"她自己的画作被推广抽象表现主义的一个大经销商——贝蒂·帕森斯画廊（Betty Parsons Gallery）尽数收藏。

◆ ◆ ◆

书法是一种形态感很强的艺术形式，它处理的是笔墨对纸张的直接影响，因此，艺术家的感情直接传递给艺术，最终传达给观者。西本告诉[1]我，管弦乐指挥同样是通过身体动作传达激情和情感。当然，与绘画或书法不同的是，这种管弦乐演奏的几乎都是别人写的乐曲。然而，即便如此，特定的指挥家和音乐家的不同演绎依然是重点。"我认为艺术家的工作是将我的话语加入那首曲子中，就像加入我的血液、我的肉体，重塑作品，使其成为我的创作。"西本说。她说，她三十五六岁的时候，发现观众真正感觉到"我的表演反映了我的痛苦经历"，她第一次感觉到真正实现了自己的愿望。"这是一种突破。"她说。

看着这位成功的、受欢迎的女性，在她享受绝对权威的环境

---

[1] 对西本智实的采访，2017年7月13日于东京荻洼杉并公会堂。

里，即东京的音乐厅里，在管弦乐队队员的围绕中，我想知道她会有什么样的苦闷。从她的回答中，我明显感觉到，在某些方面，她必须为实现自己的目标而奋斗。尽管她来自一个音乐世家——她的母亲是一名声乐家，她的姨妈会演奏钢琴和风琴，在她的亲戚中，有五个人曾先后从音乐学院毕业。西本在高中毕业后也上了音乐学院，但后来在26岁时自己决定要去俄罗斯的圣彼得堡学习，成为一名指挥家。她家里没有人愿意资助她出国学习，所以她不得不自己筹集资金。在音乐学院学习期间，她给一个歌剧导演当助理，最终攒下了支付圣彼得堡大学学费和一年生活费所需的1万美元。那一年之后，她在日本和圣彼得堡之间往返，每次都回家挣钱、攒钱，以便能够回去学习。

筱田从美国和那里的艺术家的自由创作中找到了灵感，西本则在俄罗斯的老师和指挥家那里找到了她的灵感。西本说她甚至在小时候就感觉到，与俄罗斯钢琴家、小提琴家、大提琴家及其他音乐家一起时，"虽然他们在演奏乐器，但他们实际上是在通过彼此的音乐进行交谈"。她提到她在圣彼得堡的老师伊利亚·穆辛（Ilya Mushin）对她有着特别的影响，因为就算到了94岁高龄，他在指挥时依然富有激情。

事实上，作为一名成功的管弦乐队女指挥，西本不仅仅是在日本，甚至在全世界来讲都是不一般的。在全球范围内，乐队指挥仍然是一个以男性为主的职业。她说，她的老师伊利亚·穆辛

"曾经说过,对一个女人来说,成为一名指挥家要比成为俄罗斯军队的中尉困难得多",因为这个角色对体力要求很高。一个声音微弱柔和、身材较矮小的人,会发现很难产生影响力。但西本说,虽然身体上的影响是必要的,但最需要的是"精神上的能量,精神上的力量"。比较幸运,她个子很高(这可能有帮助),而且她做过体能训练,以获得耐力。她说指挥给她的脖子带来了特别的负担——这我可以想象,因为我观看排练时,看到她的头在剧烈摆动,头发不停地从一边甩到另一边。不过她说,现在她能够与演奏者们建立更直接的信任,指挥动作不需要像过去那样夸张。

在指挥表演中她感受到的另一种酸楚是,她初入行时,比交响乐队中的很多演奏者都要年轻,这挺难的。"在日本,一个年轻的人,一个女人,要当领导总是很困难。……我觉得除了玻璃天花板外,我周围也有玻璃墙。但我现在不觉得我周围有玻璃墙了。"

尽管如此,她显然对乐评人的评价很敏感,特别是在她树立自己声誉的早期。"起初有谣言传出,例如说我为了获得什么东西而行贿,但这根本不是事实。"听到这里,我觉得当时肯定有很多更恶心的谣言在传播,但不幸的是,在男性主导的社会中,女性获得成功时,总有谣言四起。西本把这放在一种特殊的日本背景下去看:"在音乐人中,我走的路与一般音乐学校毕业生的道路完全不同。""我是特例,所以人们会问为什么,怎么会发生这种情况。"她沮丧地补充了林市长也指出的这一点:"在日本,当一个人做了一件前所未有的事情时,人们的反应并不好。"

西本如今在亚洲其他国家都很有名,并定期在梵蒂冈演出。梵蒂冈的演出有这样一个渊源:虽然她自己的家庭不信天主教,但她的一些亲戚来自日本西南部九州长崎附近的生石岛,那里在17和18世纪时是"隐秘的基督徒"[1]的主要中心之一。当她第一次被邀请到梵蒂冈演出时,她建议将耶稣会传教士圣方济各[2]的一首圣歌(作为当地文化的一部分,仍被生石岛上的人使用)作为她在梵蒂冈演出的曲目之一。"我感受到的一点是,历史总是从胜利者的角度来讲述的。失败的人总是要退场的,他们的声音也消失了。但在当地文化中,它们被保留下来,我有一种使命感,要恢复这些东西。"

她提到了另一个历史项目,这也将我的思绪带回筱田身上,尽管是某种间接联想。西本说,2017年秋天,她要指挥一场能剧

---

1 "隐秘的基督徒"在日语中称"隐切支丹",指在1614—1873年禁止信仰基督教期间仍继续信教的一群人。由于早期耶稣会士主要在长崎地区登陆来传教,因此大多数的隐切支丹就聚集在这里:http://kirishitan.jp/values_en/val002。
2 圣方济各·沙勿略(Francis Xavier,1506—1552),葡萄牙派至亚洲的天主教传教士。他是耶稣会创始人之一,首先将天主教传播到亚洲的马六甲和日本。——译者注

《卒塔婆小町》[1]的演出，不仅担任指挥，还要编排音乐并担任艺术总监。在这部剧中，人们发现一个非常老的女人坐在佛教的墓碑上，这是一座木制佛塔。她就是小野小町[2]，平安时代[3]的一位伟大诗人，据说年轻时很美。在剧中，她已经100岁了，当她坐在破败的佛塔上时，两个僧人走过来告诉她，她必须从佛塔上下来，以示尊重。

由这个故事，我想到了筱田桃红，不仅仅是因为她和小野小町一样已经活到了一百多岁。我想起她的一番话。我问她是否带学生，是否有她欣赏的艺术家和建筑师。她对第一个问题的回答是否定的：她不收徒弟，也不教人，因为"艺术是个人化的。艺术不可教"。而对于第二个问题，她的回答也有些耐人寻味，甚至可能相当刻薄，这种话甚至可以从小野小町的嘴里说出来——她在剧中表现出自信和诗意的那段。筱田在回答是否欣赏建筑师丹下健三[4]的问题时说，是的，她见过他几次。但是，她补充说："我认为能够欣赏别人的人，也是希望被别人欣赏的。我尊重那些不希望被尊重的人。"

1　卒塔婆：立在墓碑前的塔形木牌；小町：美人的别称。——译者注
2　小野小町，日本平安初期的女诗人，被列为平安时代初期六歌仙之一。——译者注
3　794—1185年。
4　丹下健三（1913—2005），日本著名建筑师，曾获得普利兹克奖。——译者注

◆ ◆ ◆

我在奈良的制片公司办公室见到电影导演河濑直美,她在回答我的问题时显得比前一位要温和。[1]但我仍然怀疑她可能同意筱田的观点,或者至少她们的行事风格是一致的。她的电影透露出她不是想受人欢迎、喜欢,甚至欣赏,尽管她事实上经常被人欣赏,尤其是电影节上,比如在每年举办的法国戛纳电影节上,她曾屡次获奖。筱田对我说"我以我想要的方式完成了所有工作",我想河濑会说非常类似的话。

我在2017年7月见到她时,她正为一个不同寻常的角色而准备着——担任贾科莫·普契尼的著名歌剧《托斯卡》(*Tosca*)[2]的导演。这将是她第一次在剧院里担任导演。但这次制作还有一些创新之处。在普契尼的原作中,《托斯卡》以悲剧收场,所有主要人物都死了,包括女主角弗洛里亚·托斯卡。然而,河濑的作品将以不同的方式结尾。她说,她将改编出一个更有希望、不那么悲惨的结局。她正以她想要的方式完成她的工作。普契尼是否会赞同,我们不得而知。2019年,奥组委宣布委托她执导2020

---

[1] 对河濑直美的采访,2017年7月6日于奈良"组画"制片(Kumie Productions)总部。
[2] 贾科莫·普契尼(Giacomo Puccini,1858—1924),意大利歌剧作曲家,代表作有《波希米亚人》《托斯卡》与《蝴蝶夫人》等。——译者注

年东京奥运会和残奥会的官方宣传片，而这部片子肯定会充满希望与憧憬的味道。

关于拍摄，她说："最重要的是要有自己的原创性和力量。除非你有一个强烈的信念，'我就是要拍这个'，否则你就无法脱颖而出。"她的影片不容易看懂，在某些方面也不容易理解。把事情简单化并不是她的意图或兴趣所在。在她的作品，比如《澄沙之味》（2015）中，她将主角设定为一位汉森氏病（即麻风病）患者，她还将《光》（2017）的主角设定为即将失明的人。她不是要让观众感到舒适或快乐；相反，她似乎想探索和描绘人与人之间的艰难和复杂的关系。家庭是她电影中反复出现的主题，但她影片中的家庭一般既不幸福也不团结，而是支离破碎，这反映了她的童年经历。她的父母在她童年时就已离异，她在奈良农村由她的姑婆抚养长大。她与丈夫结婚不到三年就离婚了。她有一个年幼的儿子，而当我在制片公司办公室采访她的时候，她儿子来了——她作为一位单身母亲独自抚养孩子。

我问她，她衡量成功的标准是什么？她回答说："对我来说，成功意味着能够保持冷静，与人交往，并创造新的东西。"她知道她的许多电影很小众——《澄沙之味》为她赢得了她迄今为止最多的观众。她感激地说："仍然有人想资助我拍摄自己想拍的那种电影。"她说："我注意到一个有趣的事情是，更多在商业上取得了成功的人想给我和其他可能在戛纳获奖的导演投资，从而通过我们的作品获得名声。"我知道，尽管电影的制作成本并不低（河濑告诉我，《光》的预算是150万美元），但对于那些已经赚了很多钱的商人来说，投资这样一部电影可以以一种相对经济的方式来获得名声，附庸风雅一番。

1997年，河濑执导的首部剧情长片《萌之朱雀》获得戛纳电影节最佳新片的"金摄像机奖"，她是该奖项有史以来最年轻的获奖者（时年28岁）——这一成就往往会吸引上述那种投资者。她以前拍过纪录片，一位摄影师在看到她1992年拍摄的一部自传式纪录片后，把她介绍给了WOWOW卫星付费电视公司，WOWOW本来就很支持一些原创的独立电影。那部自传式纪录片名为"拥抱"，是关于她寻找父亲的故事，她说："这对我个人非常重要。"她在大阪摄影专门学校[1]担任讲师时拍摄了这部影片；她读大学时即在该校学习电影。

当她开始拍摄讲述一个农村家庭解体故事的《萌之朱雀》时，她只有26岁。据她说，在拍摄过程中，制作团队几乎解散。她说，她感到非常孤立，演职人员主要是男性，多数比她大，他们"觉得我很年轻，没有经验"。突然，一些演员对她感到非常失望，扬言要走，包括主演国村隼，他是当时唯一的专业演员。"我决心继续下去。即使我只能使用8毫米胶片［而不是专业的35

---

[1] 现为大阪视觉艺术学校。——译者注

毫米]，我也要完成它。WOWOW的制片人问我是否真的想继续，我说是的。于是他就劝说演职人员留下来。"她事后想，也许幸运的是WOWOW的制片人并不比她大多少，之前是做电视的，现在待的这家公司想要做一些新的非常规的节目。"如果我说我不干了，那么那部电影可能就此烂尾了。"

河濑说："女性当导演，必须更强硬。不断克服困难的过程使你更强大。"这是老生常谈了，但也确实如此，与管弦乐队指挥一样，女性电影导演的成功是相对罕见的。正如她所说，"艺术家和演员可以很好地自我控制，但导演必须有更多的力量，以便监督演职员按计划做事"。她当然也认为女性导演受到歧视："我最近听说，女性导演得到的保证金只有男性导演的50%"，她指的是世界范围内的情况。她所说的"保证金"是指电影业的付酬制度中，导演得到固定的金额作为保证金，如果超过一定的水平，还可以得到一定的票房收入。

自然，她谈到女性受到的歧视时，有着强烈的感受和情绪。我问她，是否觉得讲述女性的社会地位的故事足够吸引人，可以拍成电影。她的回答坦率而直接："这不是我的目标，因为这可能需要我付出本想用于他处的精力。"她说，她觉得如果关注在工作或社会中努力挣扎并成功的女性，她可能会"被看作一个活动家或政客"，而她不希望这样。她说："如果我通过电影对社会产生一些影响，那是可以的。但我不希望给自己附带一个活动家的角色。"

◆　◆　◆

本章开头讲述的筱田桃红,她的一生中肯定经历了很多挣扎,尽管她显然总是选择关注她的艺术而不是她身边的现实。她于1913年出生于中国大连,大连那时为1904—1905年日俄战争后的日控区,之后她的家人很快从中国搬回了日本,后来她主要在岐阜县长大。她告诉我:"我年轻时从未想过要成为一名艺术家。从事艺术工作就是自然发生的事。"她对艺术最早的记忆是在十四五岁的时候,美术课上,老师要她画任何她喜欢的东西,她就选择了一种植物,但只画叶子而不是整朵花。她说老师说她的风格很像法国的"分离派"艺术[1],她说这启发了她对艺术的思考。

筱田的父母告诉她,她应该结婚。但是"我想走自己的路,独自生活。我不能结婚,我很胆小,不想去一个陌生人的家里"。因此,她找了一份教书法的工作来谋生。"我开始以一种

---

[1] 分离派(secessionist)是个相对宽泛的概念,在绘画艺术史上,它扮演了反叛的角色,反叛的对象就是学院派。从19世纪末开始,在维也纳、巴黎、柏林这种反叛颇具能量,于是这些"艺术叛徒"有了一个统一且形象的称谓——分离派,其与学院派正规军"激战"的战场往往是画展。分离派中最著名的人物是古斯塔夫·克里姆特(Gustav Klimt)。——译者注

非常自由的方式进行教学，鼓励我的学生按他们自己的想法来写字。那是我第一次感觉自己与众不同。我不想效仿或模仿别人。"后来战争爆发了，正如她所说，"艺术逐渐为昏暗所笼罩"。但她仍然在东京市中心银座的鸠居堂举办了一次展览，这是她的第一次个展。我问她那个展览是否成功。"有一些艺术报纸的评论说我是自学成才的风格。有些人说我的作品'很精彩，笔触出色'。但也有人说我与书法的悠久历史脱轨了。这话没错，因为我确实没有遵循传统。"

不遵循传统：这似乎是对筱田生活方式的一个很好的概括。前文讲到，她于1956—1958年在纽约的旅居经历对她的艺术创作起了重要作用，她将自己的一些作品卖给了约翰·D.洛克菲勒（John D. Rockefeller）和他的妻子，他们当时正在雇用策展人来建立私人收藏。但她还是回到了日本，并从那时起一直蛰居家中。"我觉得日本社会在战后确实发生了变化，在某种程度上解放了女性。如果一个女人愿意，她就可以过自己的生活。"我问她对今天的日本年轻女性有何看法，她拒绝回答："我对别人不感兴趣，所以我不可能成为一个批评家。我不观察。我是一个创造的人。我对其他人漠不关心。"

当我们结束正式采访时，筱田邀请我留下来喝茶。茶是由她（当时）78岁的助手今村奉上的，他每周六天来照顾她，来回单程要走一个小时，为筱田工作了50年左右。作为现代日本人口结构的象征，没有比这更好的例子了。

然而，我认为筱田不会想把自己当成什么"榜样"：

> 我从来没有把自己当作一个艺术家。我一直都想创造一些形式，但我从来不知道是什么样的力量让我产生这种艺术。人是神秘的。美对每个人而言都是不同的。关于什么是"艺术"，再过一百年我仍然不会有答案。食物，很重要；语言，很重要；但艺术，我不知道艺术对一个人是否真的重要，它到底是什么。而且我从来没有考虑过艺术界是男人的世界还是女人的世界。它是一项工作。

★

第八章

代表日本，捍卫人权

三好真理，长有纪枝

当我在都柏林的日本大使馆结束采访[1]时，我没有想到他们会给我递上一份礼物，更没有想到，那是一本前爱尔兰战俘的传记。但是，这位送我书的日本驻爱尔兰共和国特命全权大使（全称）并不是一名普通的外交官。首先，从这本书的主题可以推断，三好真理是一位女性。她目前是外务省最资深的女外交官之一，在2016年被派往爱尔兰任职三年之前，她已于2014年升至总干事级别。她于2019年8月回到东京时，被委任管理"打击恐怖

---

1 对三好真理的采访，2017年9月19日于爱尔兰都柏林日本大使馆。

主义和有组织跨国犯罪以及北极事务的国际合作"这一涉及范围很广的工作。

三好大使在都柏林送我的书叫《医生之剑》(*The Doctor's Sword*)¹，它讲述了艾丹·麦卡锡（Aidan McCarthy）精彩但惊心动魄的生活经历。他是来自爱尔兰南海岸的科克（Cork）的一名医生，被英国皇家空军派驻印度尼西亚的苏门答腊，1942年日军占领该国时被俘。1944年，他被派往日本工作，并被囚禁在长崎，他于1945年8月9日美国在长崎投下的原子弹爆炸中幸存了下来，着实幸运。日本投降时，囚犯被释放，麦卡锡医生负责营地事宜，事实上他救了日本指挥官，使其免遭其他囚犯的攻击乃至杀害。为了表示感谢，该指挥官楠野少尉将他的礼仪佩剑送给了麦卡锡医生。麦卡锡医生回到爱尔兰后，那把剑被陈列在科克的家族酒吧里。

这是个感人的故事。对英国人来说，首先让人注意的是，这位皇家空军的英雄医生是爱尔兰人，因为他的国家当时已经从英国独立出来（自1921年起），并在第二次世界大战期间正式采取了中立立场。英国和爱尔兰之间的关系在当时（以及此后的几个时期）是相当紧张的。那么，为什么一个爱尔兰人要加入他们的前殖民占领者和压迫者的武装力量呢？原因是，尽管两国在政治

---

1 Bob Jackson, *A Doctor's Sword* (The Collins Press, 2017).

上有分歧，但民间的联系仍然密切。与20世纪30年代的许多同胞一样，麦卡锡医生来英国找工作，后来当战争来临的时候，他自愿加入皇家空军成为一名军医。据估计，在第二次世界大战期间，大约有5万至6万名爱尔兰公民在英国武装部队中作战。

麦卡锡医生故事的第二个特别之处是，他如何在印度尼西亚和日本的战俘营中面对一系列恐怖的经历和可怕的遭遇并幸存下来——这要归功于他的好运，也可能归功于他的医学知识和性格。但同时，他也葆有充分的人性与和解精神——他保护了楠野少尉。这也解释了第三个特别之处——一位日本大使给了我一本书，里面讲述她的国家的战俘营中很多骇人听闻的行为。应该说，对她来说重要的信息，也是她希望强化的信息，是和解。

在一个简单的意义上，你可以说外交总是关于和解的。它是关于在国家之间就共同关心的问题达成一致意见。但外交也是代表你的国家，追求和捍卫其利益。很多大使，无论是来自日本还是其他国家，都倾向于通过强调捍卫国家利益和代表官方政治立场来回应本国政府的政治压力，而不是强调和解。当讨论转向抗日战争或第二次世界大战的历史时，日本外交官通常（而且可以理解的是）尽量少说，或者在少数情况下，采取相当性防御的立场。他们不会出书从日本以前的对手的角度详细介绍战争的可怕一面。我个人认为他们应该这样做，他们可以在承认的同时拥抱共同的利益，了解过去并找到避免历史重演的方法，这无论对本国还是其他国家都是有益的。

在三好大使给我这份见面礼之前,我问她,她从东京大学法律系毕业时(在那个年代她是个不寻常的女学生),为什么要申请进入外务省,她是1980年外交使团中唯一的女性。如果在政府工作是她所追求的,她无疑可以寻找其他省厅的工作机会。

事后看来,她的回答也有助于解释她对关于麦卡锡医生的书的兴趣。这是因为她的一位外祖父于1937年在抗日战争期间的上海战斗中丧生。她的母亲生于1938年,从未见过自己的父亲。她说,在她的家庭中,大人总是告诉小真理"战争的苦难"。长大后,她认定,或许能够为和平与和解做出最大贡献的工作是外交工作。

她是日本最早的女外交官之一。外务省在20世纪50年代曾雇用过少数几位女性,但直到1978年招募女性担任外交官才开始作为一项常规政策。有史以来第一位女大使是高桥展子,她被厚生省借调,于1980年被任命为日本驻丹麦大使。1978年和1979年各有两名女性被录用,在三好被录用的那年,她说她是唯一被录用的女性,但同时有28名男性被录用;1981年,有三名女性被录用。不过,2016年28名新聘人员中,有10名女性。她说,在非外交职位的招聘人员中,男女比例现在大约是各占一半。将来,即使有些人因家庭原因或因从事其他职业而离开,潜在的女大使和总干事的输送人数也会增加。现在一共只有大约10名女大使(我说"大约"是因为随着岗位工作的开始和结束,这个数字自然会不断变化),但这个数字肯定会上升。

这不是一个轻松的职业,但三好显然非常喜欢,她说她感觉在省里37年的工作经历(截至2017年)相当令她满意。在这37年中,她有17年是在国外度过的,最初是作为该省的"德语派"的一部分,在日本驻奥地利大使馆工作过。1985年她从维也纳回来后,与一位在环境省工作的东京大学校友结婚,他们在1990年有了一个女儿。她的产假在产前有六周,产后仅八周,她告诉我这是当时所有省厅的标准政策。她回到工作岗位后,她的小宝宝主要是和三好住在镰仓的母亲一起生活。

三好产后回来时的工作是在外务省的仪典官室,负责接待当时的重要访客,如苏共总书记米哈伊尔·戈尔巴乔夫(Mikhail Gorbachev)和美国的老布什总统(George H. W. Bush)。仪典工作很适合年轻母亲,因为与其他外交岗位相比,仪典工作不容易受到新闻采访或谈判的影响,而这些岗位的工作人员经常要工作到深夜,周末要加班,而通知都是提前很短的时间才发出。

后来,这个家庭有了一个可以说是很幸运的机会,或者说是托省厅有远见的、灵活的人力资源规划之福。1992年,三好的丈夫被他所在的省厅派往瑞士日内瓦工作,所以她也申请在那里的日本常驻国际组织代表团工作,也就是日本驻联合国设在瑞士的各分支机构的特使。她很幸运,这一请求获批了。因此,她和丈夫能够带着女儿和一个保姆一起去日内瓦，这意味着在她事业慢慢成形的岁月里，他们一家人在一起，生活在一个很适合培养小朋友的城市和环境中。

这次任职也意味着三好能够与一位女性密切合作——在我的认识中，她是日本第一位真正意义上的全球女性大使：绪方贞子[1]，她在1991—2000年担任了九年的联合国难民事务高级专员。那是一个难民成为大新闻并受到全世界大规模关注的时代，特别是由于前南斯拉夫国家的战争，以及卢旺达和刚果的非洲战争和内战，所以绪方女士处于一个非常热门的位置，并得到了真正的全球认可。她从未正式成为日本外务省的成员——据报道，她拒绝了小泉政府在2002年田中真纪子辞职后提出的由她担任外务大臣的提议。

1995年从日内瓦履职归国后，三好加入了外务省的经济合作局，处理海外援助问题，这也经常与难民危机和人道主义灾难有关，她之后在1997年参与了关于气候变化的《京都议定书》的谈判。我可以感觉到，当三好女士谈到这些角色和她必须处理的挑战时，她有一种作为重要事件和问题的见证者的兴奋感，以及想要处理这些问题的沉重责任感。

这样的事件和谈判很少发生在白天的工作时间内，尤其还有

---

1 Ogata Sadako, 1927 - 2019：https://www.japantimes.co.jp/news/2019/10/29/national/sadako-ogata-dies/#.XhxYTi2ca94.

所在时区不同所造成的困扰。因此，工作与生活平衡不可能那么容易。三好回答说，在她的职业生涯中，省厅的工作实践发生了很大变化，这是其中一部分。"当我进入该省时，我们必须在星期六工作，尽管我们每年有二十天的正式假期，但我们不能使用它。现在，我们可以享受这些假期，工作条件也更好了。"她回忆说。1985年，就在她结婚前两周，她与中曾根康弘首相一起参加了在德国波恩举行的七国集团顶级工业化国家会议，然后在结婚后不久，法国总统弗朗索瓦·密特朗（François Mitterrand）访问日本，她又不得不在协助团队中工作。面对通宵达旦的工作，团队人员不得不申请睡在他们总干事的办公室里。现在，那里已经配备了一间卧室和浴室。"从我早年在外务省工作直到今天，工作条件有了很大的改善。"

在从事外交工作的同时能够养女儿，这有赖于三好的母亲的大力支持。1995年全家回到日本后，他们在镰仓（她的父母和女儿住的地方）和横滨（她和丈夫住的地方）之间分配生活时间，三好往来于这两个地方。当三好被任命为日本驻德国大使馆的高级外交官时，她的女儿九岁，表示她更愿意和父亲以及她的同学们一起留在日本，而不是和母亲搬到柏林。在我们采访的时候，女儿已经27岁了，在横滨从事奥运会的筹备工作。我问三好，她觉得她的女儿会不会成立自己的家庭。她笑着说："我想她会喜欢有自己的小家的，但她也想继续她的工作，所以我可能会照顾我们的孙辈。"

问一个一生致力于国际事务并经常在国外生活的人,对今天的日本年轻女性有何看法,也许有点不合理。但我还是问了三好这个问题,因为她一直在谈论她的女儿。在谈及她的女儿后,她回答说:"我觉得日本女孩已经变得太保守了,她们喜欢待在一个地方。"她所担心的一般日本年轻人确实也是如此,无论是男性还是女性,在她看来,他们已经变得"思想不够开放,缺乏冒险精神"。这就是为什么,正如她所说,现在在哈佛大学很少能看到日本学生,而哈佛大学和世界上其他顶级大学一样,都有很多中国留学生。然而,她高兴地告诉我,在她当时的"第二故乡"都柏林,有500名日本学生在都柏林城市大学就读,该大学的英语语言专业实力强劲。也许他们中的一些人,无论男女,都会考虑追随三好大使的足迹。

✦ ✦ ✦

长有纪枝是另一位在国外待了很长时间的女性,而且是在相当令人意想不到的地方。她不是外交官,而是专门研究战争罪和战后和解与正义的学者,现在也是日本援助与救济协会(AAR)的主席。ARR 是一个致力于帮助逃离冲突和迫害的难民的非营利组织,由女性活动家相马雪香于1979年成立,以应对当时针对来自越南和中南半岛其他地区难民的援助问题。

2017年11月，在联合国的支持下，前南斯拉夫问题国际刑事法庭（简称"前南法庭"，ICTY）对拉特科·姆拉迪奇（Ratko Mladic）的种族灭绝罪、战争罪和反人类罪的宣判过去一周后，我和长有在立教大学她的办公室见了面[1]。南斯拉夫分裂后，前组成国波斯尼亚、塞尔维亚、黑山、克罗地亚等发生了可怕的内战，姆拉迪奇将军因其在1991—1995年间的可怕战争罪行被称为"波斯尼亚屠夫"。战争的主要部分随着美国在俄亥俄州代顿市起草的和平协议而结束后，前南法庭开始调查并审判被指控犯有战争罪的人。2011年，当时的前将军姆拉迪奇在长期逃亡后被抓获，并在海牙受审。长有几乎是随口一说，在20世纪90年代的战争中，她曾认识姆拉迪奇将军本人，这让我惊讶，也对此产生更多兴趣。

事实上，长有写的博士论文是关于斯雷布雷尼察（Srebrenica）的，这个位于波斯尼亚的小镇是南斯拉夫战争中最可怕的屠杀现场之一。1995年7月，八千多名波斯尼亚穆斯林男子和男孩被姆拉迪奇将军指挥的军队杀害。一支由荷兰籍联合国维和人员组成的部队在现场保护该镇，但事实证明他们无法阻止杀戮。长有当时正在为AAR工作，被这个非营利组织派往前南斯拉夫。正如

---

[1] 对长有纪枝的采访，2017年11月30日于东京立教大学。

她所说的那样,由于这一经历,她成了"种族灭绝和过渡时期司法专家"。

十几年后,随着审判和调查的进行,长有感到不得不回到姆拉迪奇将军、种族灭绝和过渡时期司法的主题。她从文部科学省获得了一笔资金,用于资助两次前往海牙的访学,以跟进了解前南问题国际法庭的审判,特别是对姆拉迪奇将军的审判。"我想亲自去那里,因为我见过他。"正如她所说,她觉得南斯拉夫战争后一直持续的正义与和解进程,"与战后的日本有很大的相似之处",即1946—1948年的东京审判。就斯雷布雷尼察而言,到2017年,大屠杀已经过去了22年,她觉得没有实现和解,许多战犯仍然逍遥法外。对她来说,这就像20世纪60年代中期的日本,当时也有许多对罪行负有责任的人获释,而且没有和解。

她"觉得自己是爱国的日本人",同时也对发生在朝鲜的事情,例如,在1945年日本殖民统治结束和第二次世界大战结束之后的事,感到强烈的民族责任感。她说:"我们从受害者的角度知道我们受到了什么伤害,但我们对自己的国人对其他国家的人所做的事情,有多少了解呢?"我们都认为,其他国家也犯下了类似的战争罪行,于是日本的所作所为就显得并非孤例。"但一桩犯罪就是一桩犯罪,"她补充说,"我们不能指望因为其他人犯罪就能让自己得到赦免。"长有说,她对推动寻求第二次世界大战的和解有一种责任感:"现在战争已经过去70年了,我们仍然处于动荡之中；30年后，就是过去一整个世纪了。在那之前我们必须找到一种方法，我现在已经50岁了，不得不希望我能做些什么。"

这种责任感对于AAR的创始人相马雪香来说也很重要，她是对长有产生巨大鼓舞的一位女性。相马是著名的自由主义政治家尾崎行雄的女儿。尾崎担任东京市市长的时候曾有一个意义深远之举：他在1912年将3000棵樱花树苗送到华盛顿特区作为友谊之树，种植在波托马克河边，那里至今仍有樱花树繁衍不息。2007年，尾崎的女儿已经96岁高龄，她飞往华盛顿特区，参加美国国家樱花节，以纪念[1]她父亲的倡议。

相马的职业是英语翻译——事实上她是日本第一位日英同声传译员，但也参与了政治改革运动。长有告诉我："听到一位年长的女士谈论政治和如何改革日本，这很鼓舞人心。她看起来非常漂亮优雅，头发盘在帽子里，但在谈论政治时简直是英姿飒爽。"据长有说，相马认为，"第二次世界大战发生的部分原因是日本一直如此孤立。她觉得日本需要更多地参与到国际社会中去"。因此，她在1978年67岁时决定成立AAR（原名为中南半岛难民助协会），也是为了推动日本在帮助处理国际危机方面发挥更大的作用。

1　"Nurturing a Legacy of Fleeting Blossoms and Enduring Bonds", *Washington Post*, 8 April 2007.

成为国际社会的一部分,对长有来说也是很自然的一个想法。她进入早稻田大学学习,但在读第二年时去了美国印第安纳州的德皮亚大学。这是在20世纪80年代。她说,她发现这所大学是一所小型文科大学,非常保守,在那里过得很艰难。事实上,她直言不讳地说:"我讨厌美国。"她一直以为美国哪里都是大城市,比如纽约、芝加哥和旧金山,但后来发现中西部是非常不同的地方,她相当震惊地发现,那里的大学中甚至存在种族歧视的"三K党"。她回忆起一位特别的"天主教牧师,以及他如何冷漠地处理一切事情"。此外,她感到自己作为一个亚洲人受到了强烈的歧视。"我以前没有想过作为一个少数族群的一部分是什么样子。我以前没有注意到日本的少数民族。"

这一观察对长有后来的兴趣和职业非常重要。在美国待了一年后,她一回到早稻田,就决定要研究世界各地的少数族群,包括美国原住民和其他国家的类似群体,但她意识到应该从日本国内开始。因此,她后来花了两年时间研究日本原住民阿伊努人,以及他们在北海道社群的政治生活中缺乏参与的情况,完成了她关于这个主题的硕士论文。她说在她进行研究时,有一种批评特别伤害了她,因为一些阿伊努人指责她"只是为自己做研究",而不是为他们或更广泛的社群的利益。当她回到东京时,她的教授告诉她,她不应该就那样咽下委屈。他说,她应该回应道,"是的,我是为自己做这件事。但我也想通过自己的努力让大家了解更多"。她说，个人学习和为社会做贡献之间没有必然的矛盾，这对她来说是重要一课。

长有对针对少数族群的歧视保持高度敏感，她强调，她"从来没有感到作为女人，她受到歧视"。她确实记得她的祖母对她说过"女子不必上大学"，但这不妨碍她的父母把她送到早稻田大学读书。许多年后，她回忆说，有一次她参加联合国维和部队在南斯拉夫前往戈拉日德的一个任务时感到很生气。这个城镇与斯雷布雷尼察一样，在战争中被围困。特派团很多事不顺利，其中一名士兵说"船上有女人总是会有麻烦"。但是"当时我内心很强大，我知道自己要做什么，所以我不在乎"。

从早稻田大学毕业时，她说她想过申请在联合国工作，但觉得当时在那里没有真正可以做关于原住民社群研究的部门。她找了外务省，并被告知她的最佳选择可能是加入一个非营利组织（NPO），如 AAR。不过她知道工资会很低，而且她没有积蓄来维持生活。因此，她在瑞士联合银行（Union Bank of Switzerland）找了一份工作，想先存点钱。一年后，她辞去了那份工作，并借了足够的钱来供自己读研究生，获得硕士学位，之后，她在美国的邓白氏公司（Dun & Bradstreet）找到了一份高薪的商业分析师工作，以偿还银行贷款。

通过学习和高薪工作，长有最终得以追随她真正的激情，在1990年加入了相马的 AAR——虽然工资只有她在邓白氏公司时的四分之一。这个NPO当时还很小,只有十多年的历史,但现在有大约50名员工。AAR帮助她获得了博士学位(博士论文就是关于斯雷布雷尼察大屠杀的),这也使她从此能够将教学与NPO的难民工作结合起来。

她为AAR全职工作到2003年,然后转到东京大学完成学业并开始教学,2008年在相马去世后回到AAR担任主席。现在,她一边担任AAR主席,一边在位于东京池袋的立教大学兼职担任社会学教授。在那里,她向学生讲授纳粹大屠杀等种族灭绝和战争罪行,以及为受害者伸张正义的过程。"对我来说,为AAR工作是在帮助活着的人。在学术界,我在帮助已故的人。两者对我而言都非常重要。"

事实上,在AAR,她正在避免让活着的人成为未来研究中的早逝者。在这一事业中,她还曾与三好真理一起工作。1997年,当三好参加禁止地雷的国际运动时,长有当时在外务省的联合国部门工作,是对接人员。多年以后,当日本记者后藤健二于2015年在叙利亚被绑架和杀害时,长有是处理危机的小型政府特别委员会的成员,而三好又是她的对接方,她此次是负责领事事务的总干事。

这两位女士都有强烈的正义感,也显然都具有非常坚定和无畏的性格,而且似乎都意识到日本需要在解决国际危机中发挥作用,并在必要时反思本国的历史和决策。当然,作为一名非外交官，长有能更自由地表达她的个人观点。例如，在她的博客中，她将日本的难民政策与美国总统唐纳德·特朗普的政策进行了比较，对前者进行了深刻的批评：

> 特朗普总统这个坚持"美国至上"的沙文主义者宣布的5万难民的缩减目标，比日本2015年接受难民的记录（125人）多了400倍。当然，我们不能无视国家基础和历史的差异，也不能无视社会成员的差异来讨论数字的差异。但是，我们该思考，我们支持沙文主义、封闭、国家至上的态度是否多了400倍？在我看来，思考接收难民的态度就是思考我们国家的形式。我们想在什么样的国家里生活？你想在什么样的国家中死去？[1]

---

1 由大野木恭子专为本书所做的非正式翻译。

★

第九章

发现，发展，教育

黑田玲子，河合江理子，小川理子

所有社会都有性别成见，普遍认为男人擅长做什么，女人擅长做什么。这些刻板印象在不同社会又有些区别，有时有几分道理，但有夸大之嫌，有时毫无根据，偶尔有的说法，比如关于身体特征，虽有些道理却也误导人。实际上，两性内部的差异，男人和男人之间或女人和女人之间的差异，通常比两性之间的差异更显著。

然而，全世界有一个相当一致而恒久的主题，那就是女性在科学和数学方面不如男性，或者还可用一种不太定性的方式表达，即她们不太有兴趣在学校学习科学并且之后从事科学职业。

但这是真的吗？这意味着什么？这个问题与日本十分相关，因为在日本，女性在科学研究或与科学有关的工作中的比例极低。但它也与其他国家相关，特别是美国，世界上最先进的科学研究是在这里开展的。

2006年，哈佛大学校长拉里·萨默斯（Larry Summers）被迫辞职[1]，他一年前在一次经济会议上发表演讲[2]后引发长期争议，这次辞职是其结果。他在演讲中提出，女性在科学顶尖领域代表人数不足的原因之一可能是能力的差异。他也提出可能有其他原因，但这个具体原因引起了一场争议风暴，特别是在作为美国乃至世界上最好的大学之一的哈佛大学——这所大学本应努力建立性别平等和其他形式的多样性。抗议风暴的结果是，在哈佛大学内部和全国范围内，这位非常杰出的经济学家和学者，比尔·克林顿总统的财政部部长，只有辞职这一个选择。

当然，这种争论并没有消失。萨默斯教授犯了一个错误，或许他的所思所言都太毫无顾忌了，而且是以一种有点理论性的、相当学术性的方式来表达。认为男性和女性在科学领域取得的成就存在基因差异，这样的想法从理论上讲是可能的，但在没有任

1　"President of Harvard Resigns, Ending Stormy Five-year Tenure", *New York Times*, 22 February 2006：https://www.nytimes.com/2006/02/22/education/22harvard.html.

2　Remarks at NBER Conference on Diversifying the Science and Engineering Workforce, Lawrence H. Summers, 14 January 2005：https://web.archive.org/web/20080130023006/, http://www.president.harvard.edu/speeches/2005/nber.html.

何实际证据的情况下,他却提请大众注意女性可能存在这种无法克服的劣势,因而许多女性对此感到愤怒,是可以理解的。他对美国女性中为什么没有出现顶尖科学家的另外两个主要假设引起的争议较少,因为它们也适用于其他不平等的领域,并暗示这关乎自由选择:首先,他提出了他所谓的"高能工作假说",即与年轻男性相比,年轻女性较少愿意投身于一项需要长时间待在办公室并全身心投入的工作;其次,他想知道是否存在社会条件和歧视的影响,可能使女性偏离科学领域。

加上其他两个可能的解释,科学中的性别不平等开始看起来不那么特殊。"高能工作假说"适用于许多领域,包括政治、金融、法律和一流企业,特别是在日本这样的国家,企业文化一直强调员工对工作的全情投入。而社会条件和歧视也存在于许多领域。很少有专家接受基于能力的解释,即使萨默斯教授的表述留有余地,但该问题是相当技术性的。他并不是说女性不如男性聪明,而是说女性的某些特征的分布可能与男性的不同。

艾琳·波拉克(Eileen Pollack)也是哈佛大学的一位学者,她听过萨默斯教授的那次演讲,并在2015年出版的《房间里唯一的女人》(*The Only Woman in the Room*)[1]一书中直面这一问题。她认为,社会条件、歧视以及科学实验室和研究部门的工作文化

---

[1] Eileen Pollack, *The Only Woman in the Room:Why Science Is Still a Boy's Club* (Beacon Press, 2015).

是造成这种差异的原因，而不是能力。她称，没有人能够真正知道是否有任何基因问题使男性比女性更有可能获得科学领域的诺贝尔奖，但每个人都应该能够理解，男性只是由于其他文化、社会和制度原因，更有可能使自己成为候选人。而在其他研究和工作领域，对大多数人来说，更重要的是男性和女性都有能力，其水平仍然很高，但不一定像诺贝尔奖获得者那样获得崇高地位。她说，在这里，事实证明很清楚：男女之间的科学能力没有差别。

波拉克女士的讲述对每一位日本读者来说都会是有益的，因为它证实了在这个本应足够发达的世界中，希望追求理科和工程科学兴趣的女性所面临的偏见和厌女症是女性的普遍经验。波拉克教授取得了物理学的本科学位，但后来放弃了科学家的身份，成为一名全职作家。她并不后悔自己选择成为作家（和创意写作老师），但她说，她认为自己的选择受到限制，她对此感到愤怒。

在日本，同样的事情每天都发生在高中女生和学理科的女大学生身上。然而，对日本来说，问题是（或者说应该是）有点不同的。在日本，几乎任何领域的研究或工作都可以写出像波拉克教授这样的书：房间里唯一的女人。在美国，科学领域（以及相关的软件开发领域）在性别平等方面较其他活动更落后。然而，在日本，在科学领域缺乏女性领导职位与在报业、银行业、政治、贸易公司或政府省厅中缺乏女性领导职位之间并无太大区别。核心问题是相似的：女性面临障碍；以及如果有才华和远大志向的女性要克服这些障碍，需要信心、鼓励和榜样。

然而，对女性科学工作者的偏见和歧视确实有更广泛的影响，那就是它影响女性进入国家顶级大学，这又进一步影响女性在顶级公司或省厅开始职业道路的机会。全国大学招生中心考试，除了大学本身的考试外，还要求学生参加全国顶级大学的考试，包括科学和数学考试，无论学生申请的是什么专业。对于顶级私立大学的录取，学生一般可以参加与他们所需课程相匹配的考试。因此，如第二章所示，顶尖私立大学的女性比例远远高于顶尖国立大学。

根据经济合作与发展组织在巴黎定期进行的高中生国际评估（PISA），日本男女生在数学和科学方面的成绩差距是所有发达国家中排名靠前的。在2015年PISA测试[1]中，日本15岁的高中女生在数学和科学方面的表现比男生差14%，而她们在英语方面的表现比男生好13%。在大多数经合组织成员国中，男性和女性在科学和数学方面的表现存在差异（尽管韩国不是这样，该国女孩在科学和数学方面比男孩做得更好），但日本的差距更大。例如，在英国，女孩在PISA数学测试中的表现比男孩差12%，但

---

[1] https://www.oecd.org/pisa/pisa-2015-results-in-focus.pdf.

在科学方面只差1%。在法国,女生的数学成绩比男生差6%,科学成绩只差2%。在美国,数学方面的差距为9%,科学方面的差距为7%。

文化偏好以及在家庭中和高中时对学习数学和科学的选择,显然足以解释为什么日本女性科学家相对较少这一事实。在过去有另一种解释,这种循环论的解释广为接受:由于女性科学家的榜样太少,于是年轻女性不愿意追求科学,这意味着下一代的榜样也太少。然而,正如生活中的其他领域一样,这种情况已经在逐渐改变。一些在20世纪70年代和80年代进入科学和工程领域的女性,在经历了所有通常的障碍后,已经出现在领导岗位上。在她们身后,在20世纪90年代和21世纪初从大学毕业的几代人中,有着更广大的群体,在各种科学领域,特别是医学和生命科学领域,都有榜样。

我决定和那一代科学界的两位女性谈谈,她们都是在各自不同领域取得巨大成就的科学家。一位是由化学家转行为生物学家,她花了很多时间与蜗牛打交道,研究"手征性"[1]——其实就是指左手和右手之间的对应关系——背后的基因。另一位花了很多时间与声音打交道,因为她既是一位对生物节律和声

---

[1] 手征性(chirality)广泛存在于自然界中,在多种学科中表示一种重要的对称特点。如果某物体与其镜像不同,则其被称为"手征性的",且其镜像是不能与原物体重合的,就如同左手和右手互为镜像而无法叠合。——译者注

学着迷的电气工程师,又是一位专业水平的爵士钢琴家,同时还是大阪松下公司第一位也是唯一一位女性董事。两人都对自己的科学表现出极大的、具有感染力的热情,并且似乎对选择追求科学生涯没有丝毫遗憾。她们是黑田玲子和小川理子。由于教育是年轻女性在科学和其他领域取得进展所面临的困难的核心,我还访问了名古屋大学,想要了解可以采取哪些措施来改善相关状况。名古屋大学在松尾清一博士(现任校长)的领导下,在努力实现更高程度的平等方面享有盛名。我还与另一位研究科学(环境科学)的女性进行了交谈,她离开研究岗位后在别的国家从事金融工作,但她后来回到了日本的京都大学,在那里她发挥着培养下一代的作用。她的名字叫河合江理子。

◆ ◆ ◆

我是在东京理科大学和黑田玲子见面的,[1]2012年她从东京大学退休[2]后,就在那里成立了黑田手征性实验室。她几乎一见到我就开始解释什么是手征性,为什么它很重要,我不是科学家,自然觉得这个解释相当难懂。但我努力集中注意力,并录下

---

1 对黑田玲子的采访,2017年7月13日于东京理科大学。
2 她后来去了名古屋附近的日本中部大学。

了我们的对话,以便我以后可以再次聆听她的描述。当我再次听时,发现她的解释真的很清楚。我对此感知变化的原因是,我们这些非科学家往往对科学解释感到有点害怕,所以我们没有仔细去听。我们告诉自己"听不懂",所以并没有真正尝试这样做。这可能是高中女生对科学望而却步的原因的一个缩影。她们认为自己不会理解,也不会觉得有趣,所以她们未予理会,没有真正去注意。

你可能会想,要想成为科学的好听众并接受它,如果父母是科学家或有科学素养的人,对此会有帮助。通常情况可能如此,但黑田的经历中没有这样的因素。她的父亲是一位学者,不是在科学领域,而是在文学领域。因此,尽管他经常谈论能剧和哲学,但他的女儿决定要做一些非常不同的事情:研究自然科学。她说:"在那些日子里,大多数人认为女性不会研究自然科学。"而她在专业学习中对化学,及一百多种化学元素相互作用的方式非常着迷,之后,她选了化学专业,并且决定研究一种独特的化学分子相互作用的决定性因素:手征性。

如果一个物体的镜像不能与其完全重合,那么它就是手征性的。这意味着什么呢?左脚和右脚互为镜像,但各自以相反的方式穿上相应的鞋子或袜子。这是一种观察,但在生物学中,这一现象可以很重要:分子的手征性排列方式决定了植物卷须是以顺时针还是逆时针方向环绕树枝。关键是,它总是以同样的方式进行。同样的，一种蜗牛的壳以统一的方式生长并形成卷曲的形状。在不同的生物或植物中发生这种情况的方式是由一种基因决定的。黑田最引人注目的成就之一是确定这些基因，并研究这些生物体内手征性的决定方式。一旦你知道它是如何决定的，就有可能进行干预并改变它。

有时，这种类型的生物研究所需的能力远远超出科学领域的聪明才智。黑田笑着告诉我，当她和她的实验室在研究大蜗牛的手征性时，最困难的任务之一是想出一个可以容纳它们的水箱。然而，在她早期的职业生涯中，更困难的是男性的态度。

结束在御茶水女子大学的化学学习后，她成功进入东京大学攻读博士学位。但当她在获得博士学位后考虑工作时，她的导师告诉她，她应该结婚。他甚至想要给她撮合一桩婚事。黑田告诉我："我知道，需要人手的那个学术职位会给我导师的一个亲戚的丈夫。"因此，她担忧裙带关系的程度不亚于厌女症。

尽管她不太懂英语，但她还是申请了伦敦国王学院的研究职位，因为她特别喜欢那里一位教授的研究。"我很幸运，那位教授的博士后研究员辞职了，资助金还剩十三个月；我申请了那个职位，成功了。"20世纪70年代，即黑田申请该职位之时的英国的一个特点是，虽然社会对科学界的女性有很多偏见，同时还有其他的歧视来源，但当涉及外国人的申请时，这个国家表现得相当注重以优绩取人。

随后,黑田在英国生活和工作了十年,在伦敦国王学院和其他研究所做了一系列工作。这造就了她的声誉和技术。后来,她的下一步行动是在1986年申请东京大学的副教授职位:"我申请时并不奢望能得到这份工作,但他们给了我这个机会。我终于可以做自己的老板了!"不仅如此,六年后,她成为东大自然科学系科第一位女性正式教授。"我很惊讶我能成为第一人。"她相当谦虚地说道。

考虑到黑田有丰富的国际经验,我问她,她如何评价日本大学科学的优势和劣势。她说,有些大学还是做得很好的。但她的主要批评是大学缺乏明确的绩效评价和晋升体系。她说:"在日本,人们不愿意评价其他人。"这与许多组织中广泛使用的基于资历的晋升和工作轮换而非个人表现的做法相吻合。此外,如果取消学费(正如安倍政府所承诺的那样),"这将导致基于才干的评估更少"。

另外,她还感叹日本的大学和研究实体不愿意让外国专家加入其评选委员会。她提到法国的国家研究机构(Agence Nationale de la Recherche, ANR)[1],一个资助科学研究的政府实体,说ANR的所有评估人员都是欧洲其他国家的人、美国人或日本人(包括她)。"他们不允许任何法国人参与。"她钦佩

---

1 https://anr.fr.

地说。"这种方法在日本能行吗?"我问。"不可能!"她激动地回答,"日本的大学甚至很少使用校外考官,更不用说外国人了。""他们每个人都想要轻松的生活",而不是拥抱国际化。

黑田将这一判断延伸到她对当今女学生的看法。"我发现一个普遍的趋势,男孩和女孩都不太有志向。"她说。"与我读书的那个时代相比,他们没有被父母阻止做任何事情",但他们仍然抵制尝试新事物,包括说英语。"对女性的刻板印象确实阻碍了女性发展,世界其他地方也是如此,"她说,"这就是为什么我们需要榜样。"

✦ ✦ ✦

黑田就是这样一个榜样。但是为什么没有更多的女性榜样呢?名古屋大学是日本顶尖的国立大学之一,一直在努力尝试增加其女性理科学生和教师的人数。校长松尾清一是男性医学家,他被联合国妇女署的"他为她"(HeForShe)运动[1]评为性别平等方面的"大学影响力冠军"(University Impact Champion)。

名古屋大学与日本其他顶尖国立大学有着相同的特点,即医

---

[1] "他为她"(HeForShe)性别平等团结运动由联合国妇女署发起,致力于性别平等和女性赋权,提供系统方法和目标平台,男性和男童可以参与,成为实现性别平等的变革推动者。——译者注

学、工学和其他科学院系占了该大学的很大一部分——这一特点有助于解释为什么女生只占本科生和研究生的30%，尽管这个比例至少比其他顶尖国立大学的要高一些。我问松尾校长，[1]事实证明名古屋大学有哪些政策能成功吸引优秀的女性学生和教师。

他提倡的政策中，最重要的是一项鼓励爱知县（位于名古屋所在地区，也因丰田和其他制造业巨头而闻名）高中女生学习STEM（科学、技术、工程和数学）学科的积极计划，方法是将一群十几岁的女孩带到大学，让她们与女性研究员互动。他们使用竞争性评价方法，帮助学生和研究人员都得到激励。他说："高中生给他们认为工作最好的研究人员排名，我给获得最高排名的研究人员颁奖。"他补充道，他们学校还在电视和报刊上重点报道女性研究人员，并以一位当地报纸曾报道过的航空工程专业的女性研究人员为代表，为高中女生及家长举行了一次会谈。

名古屋大学在2003年开设了一个专门的性别平等办公室，并在2017年将其扩展为一个更雄心勃勃的性别平等中心，有独立的图书馆和其他设施。他们还在校园设立内部托儿所和课后活动中心，这样女教师就可以把孩子带到那里，必要时可以加班。课后活动中心（针对小学阶段的孩子）可以使用到晚上9点。托儿所的设施相当丰富，但一个问题是，课后活动中心的空间比较有

1　对松尾清一的采访，2018年5月15日于名古屋大学。

限，只能容纳50名儿童。显然，他们需要更多的资金和空间。正如前文所示，一个很大的障碍是要为幼儿园和课后活动中心寻找教师，这种短缺"在这个地区特别严重"。松尾说，工资很低，而且"大多数毕业生都去了工业行业，而不是这种职业"。

在学院里，女性的比例严重不足，这反映了关于保育的那些障碍，但也反映了过去选修科学课程的女学生相对较少的事实。该大学的科学研究人员中，女性的比例只有17.4%，这很低，但他说，"高于其他大型国立大学的平均水平"。名古屋正在尝试一种创新的方法，试图提高这一比例。它已经开始尝试设立一些只面向女性的"首席研究员"职位。这些职位为期五年，任期结束时，成功的研究人员可以申请一个正式的终身职位。"当我们公布这些女性专用的职位时，每个职位有30—50名申请人，"他说，"当我们发布一般职位的广告时，我们得到的女性申请者很少。"

松尾说，这种方法在某些领域非常有效，特别是生物学。名古屋大学生物系的系主任是女性："她很有才干，并利用女性专用的首席研究员职位来提拔有才能的女性。现在该系有一半的教师是女性，而且非常优秀，职位竞争非常激烈。"尽管如此，他承认通过使用女性专用职位的这种反向歧视手段的效果是有限的，因为只有少量的这种职位可以利用。但他希望逐步扩大其利用范围，直到这些职位的女性比例上升到30%—40%。"我当校长后，我为2021年即我的任期结束时，设定了一个20%的目标。到2027年，我希望这一水平提高到30%。但这仍然会比美国和欧洲低很多。"

读到名古屋，大家的印象主要是丰田和汽车工业。我问松尾，爱知县的雇主对女工的态度如何。他说，因为确实该县的制造业非常强大，男性工人占主导地位。但是，他补充说："许多公司都在担心他们的未来，因为人工智能、大数据和其他技术趋势。许多人预计这一地区的产业结构将在未来五到十年内发生变化。公司从事制造业的方式需要改变，而且还存在着严重的人力短缺。"他说，这意味着工业界和地方政府都非常希望雇用更多的女工。他说，未来的最佳措施是"改变企业的工作文化，并利用先进技术来提高效率"。

他说，即使是传统的、非常成功的企业，如丰田和电装公司，"也总是问我们是否有女学生可能想在他们公司工作"。他说，"在文部科学省拨款的帮助下"，名古屋大学的性别平等中心正在"与行业协会合作，研究如何最好地培养这些女性人力资源"。松尾先生在我们谈话的最后乐观地表示，他觉得爱知县企业的工作时间肯定会缩短，"以适应不断变化的文化期望。我曾经在大学医院每天工作十五六个小时。现在，人们理所当然地更加关注他们的私人生活"。这种态度在东京医科大学会很有用。体制需要改变以适应文化或社会的变化，而不是通过对结果的偏向来对抗这种变化。

✦ ✦ ✦

河合江理子[1]教授没有从事科学工作，而是从事金融工作。然而，她现在是京都大学新成立的研究院思修馆仅有的两位女教授之一（共20位教授）[2]，该研究院每年为9或10名学生提供相当特殊的五年制博士课程，课题与环境科学有关，这也是河合的原专业。该院的全称是"人类生存能力高级综合研究院"（综合生存学馆），它宣称的一个使命是，要培养未来的领导者。该学院于2013年成立，如果翻看每年的学生名单，可以看到这里早年男性色彩较浓重，但现在情况变得比较平衡：例如，在2017年的招生中，9名学生中有6名是女性。

河合的教育背景非常传统，她说自己上的是一所普通的高中，但当她看到格鲁·班克罗夫特基金会（Grew Bancroft Foundation）[3]为日本学生提供的哈佛大学本科学习奖学金的启事时，她迈出了不同寻常的一步。她在高中时是个优秀的学生，她

---

[1] 对河合江理子的采访，2017年3月3日于东京帝国酒店。
[2] http://www.gsais.kyoto-u.ac.jp/en-top/wp-content/uploads/2019/05/2020_summer_yoko_sais_e_2.pdf.
[3] 该基金会专为精选出来的日本高中生提供在美高校四年学习的奖学金。——译者注

说她本来可以进入东京大学，但她获得了格鲁·班克罗夫特奖学金，并进入了美国的一流私立大学，尽管当时她的英语知识有限。她说她觉得第一年的环境研究课程相当困难，但最后还是设法以优秀成绩获得了学位。1981年，在哈佛大学的四年学习结束后，她回到了日本，期望能找到一份好工作。

回到日本后，她接触到的是一种僵化的体制——这里既不欢迎在国外学习的日本人，也不欢迎女性。在美国毕业后，她花了两个月的时间在法国旅行，到了日本时，她已经错过了日本企业的年度招聘期。她最终设法在野村综合研究所（NRI）谋到了一个职位。然而，这一工作一言难尽，正如她那一代的许多女性所认识到的那样：在NRI，尽管她有哈佛大学的学位，会讲一口流利的英语，但她还是被安排穿上制服，被要求端茶倒水。此外，她一开始就被告知，她结婚后就必须离开单位，所以很明显，NRI不会为她的职业发展费心劳力。

在NRI工作了三年后，河合决定辞职，并打算继续她成功的国际教育经历。她选择了工商管理硕士（MBA）课程，以便在商业领域展开职业生涯，并选择了位于法国的欧洲工商管理学院（Insead）。她说，她觉得作为一个日本人，在欧洲会更容易适应，因为那里没有美国那么竞争激烈。她自费在工商管理学院读了一年MBA，于1985年毕业，幸运的是，她发现那时幸好外国公司对具有日本和日语知识的人需求量很大。她一开始在巴黎的麦肯锡咨询公司工作，但后来转战金融业，在伦敦的华宝投资银行（S.G.Warburg）成为一名基金经理，从事金融工作。

野村曾说过，这种跨国工作并没有影响她的婚姻。河合的丈夫在东京海洋火灾保险公司工作，他跟随她来到欧洲。这对夫妇在法国、英国、波兰和瑞士成功拥有了彻底的国际——或许我应该说是欧洲——事业，夫妻俩都在国际清算银行找到了工作，这是一个为中央银行服务的特殊国际机构。但在拥有如此成功的职业生涯后，河合说她开始考虑退出金融业，寻找不同的事来做。

就这样，她最终成为京都大学的教授，与学生们分享她的国际视野，同时回到了她最初的环境研究领域。我问她在国外工作了近30年后回到日本的印象如何。她有些伤感地说，她觉得自己好像回到了过去，回到了20世纪80年代初，因为许多程序和做法似乎从那时起就没有改变过。

如果我们想了解为什么在后泡沫时期，日本的生产力增长如此缓慢，一个很好的例子就是河合提到的她大学里那种连去东京旅行都要获得批准的制度：授权需要十个"判子"[1]，这可能意味着申请要经过十个人之手。类似的程序在各种服务行业都可以找到，包括银行和保险、律师和媒体公司以及教育机构。在竞争的压力下，制造业公司能够不断地改善他们的流程，而太多的服

---

[1] 日语中指"印章"。——译者注

务公司和公共机构却仍然保守、僵化，而且确实停留在前数字时代。我们只能希望高校培养的未来领导人能够在自己的工作单位施行现代化改造。而2020年的疫情展示了另一个希望：各机构迫于压力，不得不将流程现代化，从判子时代跳到数字时代。

◆ ◆ ◆

小川理子[1]在各方面都很了不起，但她的职业故事中最不寻常的一点是，她是一名因为自己的私人生活而留在企业的日本女性。她留下来是因为她想结婚，而不是追随因为结婚而离职的旧传统。

她是怎么做到的呢？原因是，她在松下公司工作的一个关键时刻，在42岁的时候，她发现自己面临要在日本的个人生活和国外很好的职业机会之间做出一个选择。这个绝佳的职业机会是离开松下，去美国做一名专业的爵士乐手。她热爱的是钢琴，所以她肯定是有所动心的。但在几年前，她和学生时代交往的初恋重逢了，在此之前她与他失去了联系。他们决定结婚。她因此拒绝了成为巡回职业爵士钢琴家的机会，而选择留在大阪的松下公司。这也是为什么她现在是松下公司唯一的女性执行董事，并且

---

[1] 对小川理子的采访，2017年3月1日于位于大阪的松下电器有限公司。

是 Technics 音频品牌的负责人。

她告诉我，2015年8月的第一次董事会会议"对我来说非常奇怪。但我没有感觉到任何压力或孤立"。尽管如此，她笑着说，董事会会议仍然"比爵士乐表演更有压力"，因为这种场合都是道理为王，不是讲情感的。在第一次会议结束时，晚餐后在酒吧里，董事长请她用钢琴演奏一些爵士乐。她答应了，接受了其他董事会成员的请求，并因此感到轻松了许多。她说她现在总是在董事会活动后弹钢琴。有一点是肯定的：为男性同事演奏爵士乐与为他们端茶倒水是完全不同的。是的，虽然她是在娱乐他们，但这很可能使他们感到对她的顺从，而且更多的是欣赏她的才华。

她当然认为松下所处的世界正在发生变化，像她这样的公司也需要随之改变。过去，公司是"非常注重硬件的。现在我们看到需要一种更全面的、全方位的方法。最近，人工智能和机器人技术正成为消费电器领域的标准格式，我们需要推动这一改变未来的游戏规则。因此，我加入董事会正是好时机"。她说，在这个世界上，据说女性特别擅长的那种多任务处理能力已经变得更加重要，因为软件和硬件已经变得越来越一体化。

不出意外，我和小川会面的第一项活动是听音乐。她和她的同事把我带到一间专门的录音室，在那里他们展示了顶级的 Technics 设备，其中最昂贵的设备价值50000美元，这一切都令我赞叹不已。然后，我被告知这种 Technics 设备现在被用于著名的伦敦艾比路录音室（Abbey Road Studios），20世纪60年代披头士的许多专辑就是在那里录制的，而且该团队正在与柏林爱乐乐团进行特别合作，我对此更加惊叹。这一切都非常高端和复杂。

当我们换到一间比较传统的会议室谈话后，她告诉我，她觉得自己在松下公司基本上有三个不同的职责，而现在是负责复兴 Technics 品牌的工作。她于1986年开始担任录音工程师，后来转到网络服务业务，然后从事企业社会责任工作。如她所说，这与公司创始人松下幸之助所传授的理念完全吻合。

比照企业品牌的标准，Technics 的故事有点另类。在20世纪60年代和70年代黑胶唱片和唱机的模拟时代，松下曾有过全盛时期；之后在20世纪80年代和90年代，当小川为松下工作时，其任务是改进随 CD（光盘）而出现的数字声音，使其达到模拟声音的音质标准。但后来，互联网再次彻底革新了音频收听方式，虽然降低了音质，但也使音乐欣赏变得更加随意，尤其是在智能手机普及之后。因此，Technics 品牌在2004年被暂停运营。松下停止了高端音频设备的生产，只继续生产一种产品，即 DJ 用的黑胶唱片机，直到2010年。

企业品牌一旦被长久暂停，就很少有机会恢复。但松下认为，一个机会正再次打开高端发烧友的市场，因为普通大众的收听已经变得相当商品化和常规化。2014年，该公司决定重新启动Technics，小川于当年5月重新加入该团队。她有些激动地说，她的团队在计划于9月宣布重新启动前只有四个月的准备时间。"我没法睡，完全没有私人时间，四个月里没有星期天，因为我们在努力改进、改进、改进。那四个月是我职业生涯中最紧张和精力最集中的时期。"

事实上，她说："我所有的职业能力都集中用于这四个月了。"我明白她指的是什么：她在巨大压力下领导和管理专家团队的能力；聚集在专业上专注于眼前任务的能力；以及最重要的是她对声学的兴趣。这种兴趣首先体现在庆应大学时期，她主修电子学，并选择在声学研究实验室学习。她说她"对声音和音乐对生物学和医学的影响感兴趣"。她回忆说，在她之前上的电子课上，还有五六位女性，她们在索尼和日本电报电话公司（NTT）等公司工作，差不多就像她在松下公司。"她们有了孩子后就放弃工作了。我坚持了下来，因为我知道我喜欢这个科学领域，这份工作。"

最后，我问小川，她对未来十年有哪些考虑。她首先说她非常想让Technics获得巨大的成功。该团队有两个目标市场：一个是发烧友，另一个是音乐爱好者。她说，发烧友基本上以设备为中心，音乐爱好者则自然以音乐为中心。Technics的任务是缩小这两个细分市场之间的差距，特别是通过培养音乐爱好者了解其设备的重要性以及保养的方式。她希望能开拓出她所说的"高端休闲"市场，我认为这指的是那些想以休闲方式听音频，但使用的是非常高品质的设备，并且有能力烧钱的消费者。

她的另一个想法更为宏大，这超出公司范围之外。她"想改变日本的男性权力等级制度"。当然，这并不全是她自己的事，但她认为"许多女性高管都有同样的想法，并对这个目标表示认可。她们有时感到有点被孤立，有点被疏离，她们的实际境遇和她们的理想目标之间有一些差距"。小川坚信，"日本的企业文化将逐渐改变"。

留给人们的问题是：渐进式变革是否足够好、足够快？

第三部分

结论和建议

★

第十章

任重而道远

从表面上看，日本是一个能让人安居乐业的国家。其犯罪率属全球最低水平，尽管在这个仍然厌女的国家里，性暴力很大程度上缺乏报道和调查。但是，如果你把装满现金的钱包或皮包放在餐馆、出租车、火车或公共汽车上，即使是在大城市，你也很有可能拿回来，而且什么都没丢。这也是世界上最稳定的社会之一，一个几乎不存在动乱的社会，连罢工或示威都很罕见。这个国家人民的预期寿命是世界上所有国家中最高的；如果不是会发生如地震、海啸、台风、洪水和山体滑坡等自古以来会造成大量伤亡的日本典型的自然灾害，这个国家会让人感觉到几乎超自然地安全。

2011年福岛地震和海啸后发生的核泄漏之所以如此令人不安，原因之一是它似乎突然颠覆了人们对这个治理良好、管理有序的社会的普遍认识——人们本以为在这个社会中，任何可以限制地震潜在风险的工作，该做的都已经做了。那场核灾难导致居民和游客都不信任某些地区的食品，并携带碘化钾药片以应对核辐射。福岛核电站的清理工作需要持续几十年。然而，灾难后旅游业数据只是经历了短暂下滑，之后每年访问日本的外国人数量[1]已从2010年的860万人次飙升至2018年的3100多万人次。而且还有很大的进一步增长空间：日本在年度游客人数方面（以2017年为例）仍然远远落后于法国（8600万）、中国（6000万）、意大利（5800万），甚至英国（3700万）等国家。与2020年新冠肺炎疫情相关的冲击和恐惧使日本的旅游业停滞不前，就像其他国家一样，但一旦疫苗成功生产和分配，游客人数可能再次恢复并重新增长。

日本的生活水平[2]即使没有达到平成开始时的破表水平，也仍然不错：2017年，按当时的汇率计算，日本的人均GDP在全

---

[1] JTB Tourism Research and Consulting：https://www.tourism.jp/en/tourism-database/stats/inbound/#annual.
[2] 所有的生活水平数据引自 *The Economist Pocket World in Figures*，2020 edition (Profile Books，2019)。

球排名第28位，如果根据国内购买力的差异进行调整，则排名第33位，仅次于法国和英国。按照联合国人类发展指数（the United Nations Human Development Index）来看（该指数包含了经济以外的更多衡量标准，包括教育和预期寿命），日本排名第19位，低于美国和英国，高于法国。正如本书第二章所指出的，在性别不平等方面，日本的排名确实很差，在世界经济论坛的最新评估中，日本在153个国家中排名第121位。[1]然而，尽管存在这样的不平等，尽管在20世纪90年代和21世纪初出现了经济震荡及收入和工作保障水平的下降，日本公民，无论男女，都很少移民到其他地方寻找工作或更好的生活——这与19世纪末和20世纪初的情况不同，当时很多人都去了美国和巴西。根据日本统计局[2]的数据，2016年仅有134万日本国民生活在国外，这与生活在27个欧盟国家的英国国民人数大致相同，而日本的人口几乎是英国的两倍。与2015年相比，移民海外的总人数仅增加了20000人。皮尤研究中心2018年的一项民意调查[3]显示，更多的日本人担心国民移民海外，而非外国人移民到日本，这使日本可能成为目前唯一属于这种情况的发达国家。

---

[1] World Economic Forum Global Gender Gap Report 2020，published 2019：https://www.weforum.org/reports/gender-gap-2020-report-100-years-pay-equality.

[2] https://www.stat.go.jp/english/data/nenkan/67nenkan/1431-02.html.

[3] https://www.pewresearch.org/global/2018/11/12/perceptions-of-immigrants-immigration-and-emigration/.

传统上，或者说在一些人看来，日本人经常要注重区分客套话（日语叫"建前"）和真情实感（日语叫"本音"）。与其他国家相比，日本人也有"本音"，但它包含了一些重要的、令人担忧的弱点，而这些弱点往往被整齐光亮的"建前"所掩盖。人口结构是这些弱点的核心。这个国家除了国民的精力和脑力，没有任何自然资源，但国民正在逐渐变老，而且人数逐渐减少。在世界上所有国家中，摩纳哥的年龄中位数[1]最高[2]，2017年为47.1岁，28.2%的人口超过65岁。日本现在总人口每年减少50万，日本的公共和私人财政不可避免地将继续捉襟见肘，主要是养老金和医疗保健等支出大，且税收收入疲软。人口减少本质上并不是灾难性的，但通过吞噬税收和削弱资产价值，它必然会使生活更加艰难。其他目标，无论是更好的终身教育、科学研究、海外援助还是更强大的国防，都会很难从公共资金中分一杯羹。

自1990年以来，日本已经证明，背负迄今为止世界上相对于GDP而言的最大的政府债务[3]是完全可能的，甚至可以连续负债几十年，只要可以在国内融资，这越来越多地通过中央银行印

---

[1] 年龄中位数又称中位年龄，指将全体人口按年龄大小排列，位于中点的那个年龄。——译者注

[2] *The Economist Pocket World in Figures*, 2020 edition.

[3] 2010年，根据国际货币基金组织的计算标准，日本政府债务总额占GDP的237%，政府金融资产净值略高于140%，这两个值在GDP中的占比都是世界上最高的，其后是希腊和意大利：https://www.imf.org/external/datamapper/GGXWDG_NGDP@WEO/OEMDC/ADVEC/WEOWORLD/JPN。

钞来实现。但是，尽管如此，债务仍然是一个疲软的标志，目前的公共财政结构不能无限期地维持下去。债务并不是任何形式的无节制公共支出的结果。按照全球标准，日本的公共支出是很低的：近年来，日本的公共支出约占GDP的39%[1]，略高于美国的水平，但远远低于大多数欧洲国家的水平，后者的公共支出占GDP的40%—55%之间。在日本，即使在今天超低的利率下，也只有不到四分之一[2]的公共开支用于偿还债务。税收与GDP的比例[3]也很低：2017年为31.4%，比美国略高，但远低于经合组织的平均水平。尽管日本一再试图通过提高间接税来扩大税基，并通过货币扩张来刺激经济增长，但税收收入仍一直未能明显增加。一个主要原因是，无论就业水平如何，作为主要征税对象的家庭收入和消费本身仍然顽固低迷。2017年[4]，税收和印花税收入占政府收入（包括债券发行）的59.2%，其中46.5个百分点来自个税征收。

为什么家庭收入和消费持续低迷？一个曾经以高家庭储蓄率而闻名的国家，现在变成一个公民无力储蓄的国家：经合组织的

---

[1] https://data.oecd.org/gga/general-government-spending.htm.
[2] Ministry of Finance Public Finance Fact Sheet，2017：https://www.mof.go.jp/english/budget/budget/fy2017/04.pdf.
[3] https://www.oecd.org/tax/revenue-statistics-japan.pdf.
[4] Ministry of Finance Public Finance Fact Sheet，2017：https://www.mof.go.jp/english/budget/budget/fy2017/04.pdf.

数据[1]显示，1994年日本家庭的储蓄占其可支配净收入的13.28%，但在2017年这个数字只有2.75%。由于过去的储蓄习惯，家庭金融资产的存量仍然很大，但现在新的储蓄流量却很低。原因在于企业和工人之间的谈判能力的转变，这种转变在后泡沫时期最糟糕的情况下得到了体现，但由于出现了二元劳动力市场，即分为有保障的正规劳工与无保障且收入低的短期和兼职的非正规劳工，这种转变已经变得根深蒂固。

近五分之二的劳动力签订了非正规合同，他们几乎没有接受过培训，也没有积累相关经验，因此预示了人力资本的长期利用不足甚至枯竭。最大的一部分（三分之二）未得到合理利用的非正式劳工的人力资本，是由女性组成的。但是，正如我们在第一章中所看到的，这三分之一的男性包括1993—2004年"冰河期世代"的那些男性，当时应届高中生甚至大学毕业生很难找到正规的工作，他们现在仍然由于缺乏培训，由于在职业生涯中期加入大公司的困难，以及由于缺乏养老金供应而受到影响。

这些工作不稳定、人力资本使用不足和枯竭以及收入低下的现象体现在经济趋势和社会趋势中。经济趋势是生产力的增长已经放缓，即使是在技术进步和劳动力稀缺的情况下。工资增长甚

1　https://data.oecd.org/hha/household-savings.htm.

至更慢。根据经合组织的计算:[1]

> 在过去的25年里,实际工资已经落后于劳动生产率的增长,这一部分反映了低薪非正式劳工比例的增加。自1990年以来,日本的生产力和工资增长之间的差距是经合组织平均水平的两倍以上。

但生产力的增长本身也很不尽如人意:根据经合组织的数据,[2]日本的劳动生产率比经合组织国家排名前一半的国家(日本曾经位列其中)的劳动生产率低四分之一,而该组织所谓的"多要素生产率"(multifactor productivity),即各种投入的使用效率的增长,在2000—2007年和2007—2015年之间减少了一半以上。经合组织将这种糟糕的表现归因于不同企业之间生产力差距的扩大,企业活力的下降(如用较低的启动和退出率衡量),以及资源配置的日益不当。1995—2014年期间,劳动力在GDP中的份额相对于资本(即企业利润)的份额下降了"约6个百分点,在经合组织中排名第五,其中大部分在服务业。劳动力份额的缩小部分是由于非正规就业的增加"。[3]

---

1 *OECD Survey of Japan 2017*, pp. 21-2.
2 *OECD Survey of Japan 2017*, pp. 79-80.
3 *OECD Survey of Japan 2017*, pp. 82-83.

由于这种对人力资本的滥用，日本已经从20世纪80年代末的相对高工资经济（那时大多数雇员享有高度的劳动保障和高度的经济平等感），变成了现在的相对低工资经济，不平等程度大大加深，特别是在劳动保障方面问题很大，这对男性和女性都一样。经合组织观察到，[1]日本尽管一个家庭有两个或更多的人赚钱，但其相对贫困的家庭比例在经合组织中是第二高的。

这让我们看到了对应的社会趋势：结婚率下降，以及与此直接相关的持续低迷的生育率。日本当前的结婚率属历史最低，在全球排在倒数第25位[2]，2017年，每1000人中有4人结婚，相比之下，美国为6.9人。20世纪90年代初，日本的结婚率约为6.0‰；到2011年[3]，则为5.5‰。到2015年，近四分之一的50岁男性从未结婚，近15%的女性从未结婚[4]（见图1.10）。在其他国家，结婚率的下降并不一定意味着生育率的下降，因为同居和单亲家庭可能很普遍，但在日本则不然，这两种情况都很罕见：更少的婚姻意味着更少的孩子。结婚不仅需要一个伴侣，（对于男性来说）还需要有足够的经济保障，以便能够让对方放心，或者（对双职

---

1 *OECD Survey of Japan 2017* p. 78.
2 *The Economist Pocket World in Figures*, 2020 edition.
3 *The Economist Pocket World in Figures*, 2014 edition.
4 Statistical Handbook of Japan (Statistics Bureau, 2019): https://www.stat.go.jp/english/data/handbook/index.html.

工家庭来说）能够承担抚养孩子的费用。正如我们在第一章中所看到的，明治大学的加藤明彦教授已经确定，[1]缺乏安全的资源和不结婚或不生孩子的决定之间存在着直接的联系。

因此，日本的脆弱性也可以被看作一种温和但无情的恶性循环：由于低结婚率和低生育率，日本的老龄化和人口萎缩越来越严重，而该国对其基本资源的使用，即由受过良好教育的人口所体现的人力资本，看起来陷入了低工资、无保障和低生产力的陷阱，这反过来又压制了国内支出和税收，同时也抑制了结婚和生育。自2012年12月安倍晋三再次担任首相以来，大肆宣扬的"安倍经济学"改革提供了货币和财政支持，以保持经济引擎的运转，但迄今未能为低工资、工作无保障和低生产力，或为下降的结婚率和低生育率找到变革性的解决方案。

然而，在这种持续的脆弱性以及经济和社会压力存在的同时，也出现了一些新的和潜在的变革。这就是在20世纪90年代和21世纪初，女性接受完整的大学教育的机会激增，从80年代中期只有10%—12%的18岁女性参加四年制大学课程，增加到现在的50%以上，几乎缩小了与男性同龄人的教育性别差距。这样一

---

1 Kato Akihiko, "Two Major Factors behind the Marriage Decline in Japan: The Deterioration in Macroeconomic Performance and the Diffusion of Individualism Ideology", Paper delivered at Population Association of America Annual Meeting 2012; https://paa2012.princeton.edu/abstracts/121688. 另见刊于 *Journal of Population Problems* 67.2 (2011)。

来，与过去几十年相比，日本的人力资本已大大增强。

然而，这种增强的人力资本却远未得到充分利用。但是，这种利用不足并非不可避免。担任各种领导职务的女性人数曾经很少，而如今正在增加，特别是在目前三十多岁和四十多岁的女性中。这反过来又增加了一种可能性，即这些女性领导者的临界质量可能会促使企业的做法发生变化，从而改善对女性和男性人力资本的利用。

在2013年为日本劳动政策和培训研究所撰写的一篇论文[1]中，雪城大学的玛加丽塔·埃斯特韦斯－阿贝（Margarita Estévez-Abe）将日本当时突出的性别差距归因于该国相当僵化的劳动力市场体制，女性的社会地位低于其他发达国家，儿童保育和老人护理外包存在障碍，公司没有在职业培训中发挥强大作用，工作场所存在歧视，以及政府没有明确承诺通过儿童保育支出或平权措施来采取行动。现在的问题是，在2020年及以后，有多少发生了变化，有多少可以改变——如果政府和公司管理层真的尽心去做了的话。

安倍政府成功实施的两项措施将帮助更多的女性成为有影响力的角色候选人，这两项措施是扩充公共资助或补贴的保育设

---

[1] Margarita Estevez-Abe, "An International Comparison of Gender Equality: Why Is the Japanese Gender Gap So Persistent?", *Japan Labor Review*（Spring 2013）：https://www.jil.go.jp/english/JLR/documents/2013/JLR38_estevez-abe.pdf.

施，以及2019年4月生效的《工作方式改革法案》，它们在第二章中都已提及。正如埃斯特韦斯-阿贝所指出的，在这个国家，缺乏保育设施一直是女性职业发展的一大障碍。这个国家曾经以多代同堂而闻名，母亲在田间劳作时，祖父母可以随时照看孩子，但现在这种情况已经很少了。长时间的加班和公司的社交活动也使管理层的晋升基本上成为男性的专属，同时造成了令人不安的现象，如过劳死等，尽管服务行业的生产效率仍然低下。如果《工作方式改革法案》对加班的限制能够得到坚决执行，并且能够促进管理层普遍地重新思考如何使工作和员工的组织和激励方式变得现代化，那么它就能带来双重好处：提高生产力，使更多的女性有资格担任管理职位。改革法案至少可能开始改变公司中无意识的性别偏见，尽管有意识的歧视仍然会存在。尽管有喜人的措施，但是政府对性别平等和多样性的承诺还不能说是非常明确的。

在第二部分的七个章节中，通过二十一位受访的成功女性的故事，我们可以看到，日本现在肯定存在同志社大学的吉尔·斯蒂尔和她的合著者在《超越日本的性别差距》(*Beyond the Gender Gap in Japan*)[1]一书中所写到的女性经验的多样性。这些女性榜样来自不同领域，各有所长，而且其中有十位还具有相

---

1 *Beyond the Gender Gap in Japan*, Michigan Monograph Series in Japanese Studies 85, ed. Gill Steel (2019).

当高的社会知名度,这有助于缓解埃斯特韦斯-阿贝所指出的女性社会地位问题——或者至少是其相关问题,即女性缺乏自信的问题。多样性已经成为一个时髦的口号,人们很容易对它产生怀疑,但如今是官方要求公司披露各种数据,这让这个口号显得严肃了。当越来越多的女性在公司和其他组织中发挥决策作用时,关于多样性的言论将更多地转化为行动,人力资源政策也将开始现代化。

✦ ✦ ✦

减少男性和女性的不安全感,并大大增加性别平等和多样性,将给社会带来诸多利好。日本有可能最终成为把这一最大的社会不公现象消除的国家——严格说,将其降低到与西欧和北美国家同样的水平。它可以成为这样一个国家:优秀的教育系统中积累的人力资本,其将要投入的用途会尽可能发挥其所有者——日本的女性和男性——的生产力。在这个国家,人力资本的使用得到了高工资水平、高生活水平与高质量的商品和服务的回报,它会成为亚洲的瑞士。在这个国家,安全的工作与良好的公共和企业儿童保育设施促使结婚率和生育率回升,人口下降减缓。在这个国家,由于收入的提高和家庭消费的增加,税收的增加将足以使公共债务稳步减少。

实现这一目标，并不需要进行巨大的甚至是革命性的改变，但需要政府对性别平等和劳动力市场改革加大投入，也需要私营部门充分的付出，使招聘和发展员工的模式变得现代化，以适应人口减少和道德观念改变的时代。下面是一系列有可能实现的公共政策和个人行动的建议，以帮助实现这种益处。

公共政策措施

1. 大幅提高最低工资标准

许多干预措施需要时间来实施或出成效。但是，政府可以直接影响工资标准以及家庭收入和支出的一个手段是国家最低工资标准。目前，日本的最低工资标准在发达国家中是最低的。在日本，厚生省咨询委员会制定了全国标准，各都道府县在此基础上制定当地的标准。2019年，这些标准分布于九州岛鹿儿岛市的每小时761日元和东京的985日元之间，[1] 全国平均最低工资为874日元，该部的咨询委员会随后在2019年7月31日将最低工资增加了3.1%，达到901日元。按108日元兑1美元的汇率计算，每小时只有8.34美元，按143日元兑1英镑计算，只有6.30英镑。2019年，英国成年人的最低工资是每小时8.21英镑，相当于每小时1165日元。美国联邦最低工资是每小时7.25美元，但50个州中只有24个州遵循联邦工资标准，有15个州将最低工资定为每小时10美元或更高。[2]

人们有理由担心，在某些情况下，大幅提高最低工资标准可能导致失业率上升。然而，在劳动力稀缺的时候，这种反对意见

1　https://resources.realestate.co.jp/living/what-is-the-minimum-wage-in-japan-2019-ranking-by-prefecture/.

2　https://www.paycor.com/resource-center/minimum-wage-by-state.

就会消失。在相对贫困的情况下，大量非正式劳工赚取最低工资，而一个做派大胆的政府会大幅提高全国平均最低工资，甚至达到每小时1500日元。在一年内将工资水平提高50%会对雇主造成太大的冲击，但在三年内分阶段提高到每小时1500日元，之后再进一步提高，会给公司和公共部门的雇主以反应的时间。这样将一举两得：促进消费支出，并使非正规工作让人觉得更可行，甚至更可靠。它还将缩小性别薪酬差距，因为现实中许多女性的收入就是最低工资水平。

2. 改革劳动法，缩小或消除正式和非正式合同之间的差距

公共政策最重要的一项任务是进一步推动劳动法改革，甚至超越安倍政府在2018年引以为豪的《工作方式改革法案》。与安倍的豪言壮语相反的是，2018年的法案不会消除"非正规"一词，因为尽管同工同酬可以弥补兼职合同和临时合同的某个缺点，但它无法解决最重要的问题：这类合同无法给人足够的安全感，以及它们对雇主和雇员在培训或技能发展方面投入资金和努力的激励不足。实际上，非正式合同是"无保障"的同义词。

禁止或限制非正规就业将损害公司和雇员都非常需要的灵活性。现在需要的是在受到充分保护的正式合同和高度不稳定的非正式合同之间找到一种折中办法，通过发展和推广一种合同保障

形式，使雇主和雇员都能得到足够的保障，使双方都能相互承担义务，同时又无须长时间、高成本地保持这种关系。最好的解决方案是由日本美国商会提出的[1]：一种新型的劳动合同，实际上是正规就业和非正规就业之间的中间地带，提供没有预先确定期限的雇佣关系，但根据雇员在解雇前的服务年限，适用预先商定的遣散费方案。国际货币基金组织2013年的一份工作文件《通往更高水平增长的道路：改造日本的双重劳动力市场是否重要？》[2]中也提出了类似的建议。

以前制定这种合同权利的努力由于法院未能恰当地解释"遣散费权利"而搁浅，妨碍了这种合同的推广。因此，法律的起草必须特别谨慎。这样的合同应使在职业生涯中期加入公司，或在长期养育子女后重返工作岗位的做法变得容易一些。已知的遣散费将有助于减少或消除无法找到另一份工作的风险，特别是如果可以预期能及时收到遣散费，而不必经过法院的漫长审查。另一项必要的改革是使雇员的养老金权利可以在公司之间转移，否则工作流动对雇员来说风险太高。劳动力市场相对僵化，正因此，应允许或鼓励非正规就业的发展，因为它提供了唯一可用的灵活形式。

---

[1] *Untapped Potential*：White Paper by ACCJ Women in Business committee 2016：https://www.accj.or.jp/uploads/4/9/3/4/49349571/2016_wib_whitepaper_e.pdf.

[2] Aoyagi Chie and Giovanni Ganelli，IMF Working Paper WP/13/202.

3. 彻底取消婚姻税

2017年实施的一项小改革调整了收入门槛，低于该门槛的在职女性可被视为依赖其丈夫，从而获得相关的税收优惠。本书第二章也有所说明，该收入门槛从每年103万日元提高到了150万日元。这一基于极低水平的大幅跃升，被描述为显著激励了更多已婚妇女出去工作和赚取更多收入，但事实上并非如此。

150万日元的门槛仍然很低，只相当于每月12.5万日元或每个工作日6250日元的收入。这仅仅针对国家最低工资标准的7小时工作时间。影响倒是有，这个门槛其实可以激励已婚妇女从事低收入的兼职工作，因为如果她们找到一份薪资合适的全职工作，她们和她们的家庭将受到税收制度的惩罚。这实际上是一种婚姻税，或者更严格地说，是对婚姻关系下的工作进行征税。提高起征点并没有改变这一基本事实。

更好的改革方案是完全取消这一收入门槛，允许已婚夫妇选择是单独纳税还是共同纳税，为双方提供相同的免税额。当丈夫和妻子都工作时，分开征税往往对他们有利，可以避免按较高的边际所得税征收。然而，这也意味着，他们两个人（主要是指妻子）将有充分的理由获得一份与其资历和技能相称的高薪工作。与此同时，不管妻子的薪资将会达到多少，她的税额或社保缴费额不会骤增。这通常意味着她能赚取高很多的收入，因此可向政府缴纳更多的所得税。这样一来，整个家庭就会过得更好，政府也会从中受益。

4. 将儿童保育设施的公共开支翻番，实现普遍配备

如前所述，安倍晋三政府自2012年以来取得的一项可喜成就是改善了公共资助或补贴的儿童保育设施的供应状况。日托中心的总容量已从2012年的220万个名额增加到2018年的280多万个。[1]然而，需求也在增加，因为更多家庭发现使用日托设施是社会可以接受的。这有力地表明，尽管公共支出受到种种限制，但进一步大幅增加儿童保育设施的支出将是必要的。

虽然德国是一个人口结构与日本相似的国家，德国社会也和日本社会一样，对单亲育儿和在职育儿有着传统偏见，但近年来成功地提高了其生育率。主要机制似乎是大幅增加日托服务，并努力说服丈夫休陪产假，以平衡家庭中的性别角色。2013年，德国政府宣布所有1岁以上的儿童都有权入学托儿所，并从那时起一直努力落实这一规定。要确定其生育率是否会继续上升，或性别角色是否会继续朝着更均衡的方向发展，还为时尚早，但早期的成效对这些举措多少有些鼓励作用。[2]德国的生育率已从2005

---

1 Goldman Sachs，Womenomics 5.0 Report，April 2019.
2 Deutsche Welle：https://www.dw.com/en/are-family-policy-reforms-to-thank-for-germanys-rising-birth-rates/a-43188961.

年左右的1.33上升至2019年的1.57，接近欧盟平均水平。生育率的上升可部分归因于来自出生率较高国家的移民，但大部分也是由日托服务的增加所推动的。[1]

近年来，日本的生育率略有回升，达到1.42（见图1.11），但这还不足以阻止或减缓总人口的萎缩。不过，如果通过改善就业保障，实现更广泛的儿童保育，以及利用陪产假来激发家庭角色平衡的变化，使婚姻和早期家庭组建再次变得相对可行，那么日本的人口命运就可以改变。日本国家人口和社会保障研究所的预测显示了生育率的微小变化对该国未来人口的影响。该研究所在2017年发表的最新报告[2]中使用了三种关于生育率的假设：低生育率，被定义为每名妇女的生育率下降到1.2，即2005年的低点；中等水平生育率，被定义为生育率保持在2015年的1.45的水平；高生育率，被定义为到2024年生育率上升至1.66，并保持在这个水平。2065年，低生育率产生的人口为8200万；中等水平生育率产生的人口为8800万；高生育率产生的人口为9500万。

因此，在四十年的时间里，这些低生育率和高生育率的假设之间已经有了1300万人的差异。而且，"高"生育率假设并没有

---

1 *The Economist*，29 June 2019：https://www.economist.com/europe/2019/06/29/why-germanys-birth-rate-is-rising-and-italys-isnt.

2 日本2016—2065年人口预测：http://www.ipss.go.jp/pp-zenkoku/e/zenkoku_e2017/pp_zenkoku2017e.asp。

真的那么高。如果恢复到1.66，日本的生育率将只提高到与目前欧盟的总体生育率相同的水平，而那只不过是回到了日本1990年左右的水平。瑞典的生育率是1.88，爱尔兰是1.97，法国是2.07。在日本这样一个有着重视家庭传统的国家，原则上它的生育率没有理由不能达到瑞典、爱尔兰或法国的水平。

5. 减少国立大学招生中的性别偏见

接受国家顶尖大学教育是通往政府和私营部门领导职业的主要途径。但是，在这些大学中，只有不到三分之一的学生是女性，而在顶尖私立大学中，这一比例为44%，在欧洲或美国大多数同等的著名大学中，这一比例为50%。所有国立大学都有增加女学生比例的目标，但实现这些目标的进展很缓慢。如果能改变文部科学省[1]规定的公立大学入学的国家中心考试，取消所有学生都要参加数学和科学考试的要求（即使他们申请的是非科学课程），也可以加快进展。

这将使国家考试与大多数（不是所有）私立大学采用的考试相一致，后者允许考生根据他们对学位的选择来选择考试科目，这将消除录取偏见，这种偏见本身就反映了高中女生对科学和数

---

[1] 文部科学省的全称为"教育、文化体育、科学和技术省"，英文简称MEXT：https://www.mext.go.jp/en/。

学的偏见。消除女孩在中学中的偏见需要更长时间，在此基础上才可以加速实现大学中的平等。

6. 改革签证和工作许可规定，允许招聘外籍家政人员

位于东京的日本女子大学女性和职业研究所所长大泽真知子认为，[1] 已婚夫妇决定是否要孩子的一个关键是丈夫的工作时间。她说："只要丈夫在家里发挥的作用为零，每天晚上10点或11点左右回家，然后第二天上午早早离开，那么女性就很难兼顾工作和家庭。"因此，对于绝大多数家庭来说，重要的变化既是关于男性角色的文化转变，也是关于加班和与同事喝酒的企业文化的转变。

不过，还有一个问题，如果得到解决，将有很大的帮助，特别是对于那些有能力获得可观收入的家庭而言，即这样的家庭有能力雇用保姆、互惠生或女佣来帮助照顾孩子，担负起其他家务和责任。当然，保姆业务如今已可行，正如第五章对中村纪子的企业波斯的讨论中所提到的。但保姆费用高又难找，因为其他行业同样存在劳动力短缺问题。这使得更多女性出去工作的状况既是一种可能性，也是一种需求。最简单的解决办法是政府放宽对外籍保姆、互惠生和女佣的移民规定。

1　对大泽真知子的采访，2017年11月30日于东京日本女子大学。

现行法律的荒谬之处在于，外籍家庭可以引进外籍女佣，但日本家庭不能。如果这一点得到改变，它可能对日本年轻夫妇生养孩子的能力产生巨大影响。这不需要涉及长期移民：互惠生和保姆的好处是，他们往往很想用几年时间来学习语言，而不以赚很多钱或成为永久居民为目的。日本国会在2018年年底颁布的修订移民规定的新法律应该能够满足这样的愿望，以便将家政服务添加到允许签发的特别签证类别中。现在还有进一步的建议，让家庭的这种辅助育儿支出可以减税，就像送孩子上日托中心的支出一样，不过这更具争议。

7. 立法规定有约束力的政治代表配额

通过矫正歧视的行动（通常是以配额的形式）来实现更大的性别平等（或其他任何类型的平等）的想法，在世界上任何地方都是有争议的，因为无论是受益者还是在位者，都对以功绩或优点之外的标准来做出选择的观念感到不安。然而，在日本的政治机构中，这种反对意见的分量要轻得多：在议会议员中，大约有三分之一的人来自政治家族，这表明血统已经发挥了重要作用，[1]而非个人功绩。安倍与其副手麻生太郎都来自历史悠久的政治家

---

[1] https://www.eastasiaforum.org/2018/03/13/political-dynasties-dominate-japans-democracy.

族：安倍的父亲曾任外相，他的外祖父（岸信介）曾任首相；而麻生的外祖父（吉田茂）曾两次担任首相（1946—1947，1948—1954）。此外，在议会制度中，投票往往是按党派进行的，因此，与其他行业相比，担任代表的特定个人的重要性要小一些。

如第七章所述，截至2019年3月，众议院只有10.2%的成员是女性，参议院只有20.6%。2018年通过了一项法律，呼吁所有政党在候选人中实现性别平等，但这并不具有约束力。如果政府要为下届参众两院选举中的女性候选人制定一个具有约束力的配额（也许是40%），那么鉴于其在议会中的强大优势，它应该能够推动这一目标的实现，尽管自民党的男性成员无疑会强烈抵制。明智的做法可能是在最初的提议中定为50%的配额，这样就可以将退缩到40%作为一种妥协。在此之后，可以鼓励各都道府县议会效仿，并为其他政治职位做出类似的努力。由于下一届众议院选举最迟将于2021年10月举行，这样的配额方式将具有很强的示范作用，并能迅速为未来的政府提供更多潜在的女性部长。[1] 为了不让大众觉得由此产生的更多的女性参政只是暂时现象，法律需要提出一个最短的期限（可以是十年）。

---

[1] 日本第49届众议院大选于2021年10月31日揭晓结果，在465个席位中，当选的女性议员仅有45人，占总人数的9.7%。这个结果与2017年10月的日本众议院大选相比，女性议员人数不但没有增加，反而减少了2人。——译者注

私人措施

8. 废除（或逐步淘汰）女子大学

大多数可以推荐的个人措施是在企业层面实施的。但第一个措施是针对大学的，它之所以被列为第一项私人措施，是因为它实际上是私人举措和公共政策的混合体。这就是，应该鼓励日本国内众多女子大学成为男女同校的大学，或者与现有的男女同校的机构合并。

日本在发达国家中是比较特别的，因为它有许多高质量的大学专门培养女学生——虽然不是唯一这样做的国家。津田大学、日本女子大学、昭和女子大学、同志社女子文学院，仅举几例。有些可以追溯到19世纪末或20世纪初。这些学校大多数是私立机构，尽管有两所女子大学是公立的，由政府资助，即御茶水大学和奈良大学，这两所大学都很有名。因此，这些大学的未来在很大程度上是一个私人问题，而不是一个公共政策的直接话题。然而，政府还是应该关注这个问题，并利用其所能调动的杠杆和说服力，鼓励这些女子大学中的大多数与男女同校的大学合并——无论是公立还是私立，或者自身转变成男女同校模式。这种过程以前曾在其他国家发生过：在20世纪七八十年代，几乎所有牛津和剑桥的学院都变成了男女同校（现在，牛津大学的所有学院都是男女同校，只有三所剑桥的学院仍然只有女生）；在美国，原本全是男生的哈佛学院和只有女生的附属学院拉德克利夫学院在1999年才完成全面合并。

当然，有人会问：如果一些日本女性想在女子学院接受教育，她们应该有这个权利，那要怎么办呢？这些学院有很多优秀的毕业生，包括本书的几位女性受访者。在培养女毕业生具备在男性主导的工作世界中运用所需的技能和信心方面，许多女子大学做得很好，并且经常对其传统的家政学和时装等课程进行调整，使其更具科学性和商业应用性。

所有这些都是公正且真实的。然而，问题是，日本各地有这么多女校，这只会使男女之间的差距持续更久，尤其是在潜在雇主的眼中，毕业生按照性别而不是能力被分为不同的类别。这是一种性别隔离的形式，它强化了性别差距，而不是消除。这种性别隔离与政府希望日本成为一个"女性闪耀"的国家的愿望相矛盾。

合并的一个好处是，偏医学和工程的顶尖国立大学的学生人数和课程设置将变得更加均衡，同时更加强调人文和社会科学，而女子大学将带来这些方面的发展。但另一个更大的好处是，女性教授、研究人员和学生大量进入合并后的大学，将加快实现更大的性别平等的步伐。最后一个好处是为男性提供一个更加平衡的环境。在他们未来的工作场所，他们需要能够在男女比例相当的团队和部门中和谐而富有成效地工作。他们越早习惯这种环境，就越好。

9. 以现代的方式使人力资源政策照顾到员工家庭

在为本书安排研究采访时，有一点值得注意，最不愿意接受采访的实体是企业和政府的人力资源部门。许多大企业拒绝让我接触女性高管，似乎是因为他们担心这些高管可能发表的评论听起来像是对公司的批评，或者是采访女性高管可能令她和她的男同事觉得比较尴尬。最令人惊讶的拒绝来自日本银行，其人力资源部门的负责人只是简单地回答说，他认为在这个时候谈论这个话题是"不合适的"。这很奇怪，因为日本银行在雇用女性高管方面的记录并不差：例如，连续两任欧洲总经理的职位（设在伦敦）都由女性担任，其中一位现在已经成为董事会的第一位女性执行董事。[1]

这种情况说明经理们都很谨慎，害怕批评，这可能反映出多样性，而不管一个公司是否具有多样性，这都已经成为敏感问题。许多公司知道，他们的人力资源政策经不得细查，特别是那些影响到现在四十多岁和五十多岁的女性的生活和事业的人力资源政

---

[1] https://edition.cnn.com/2020/05/11/business/bank-of-japan-first-female-executive-hnk-intl/index.html.

策。很多公司内部出现过歧视,就像东京医科大学所揭露的那样。

然而,这并不是日本独有的情况。最关键的是要学习其他国家的经验并开始变革。大企业的人力资源政策最重要也是需要更快得到改变的,是其对轮岗和公司内部调动的态度。企业已经习惯于把他们的员工当作完全忠诚和服从于他们的工具,这些人可以在很短的时间内被命令调动到大阪或札幌的办公室,甚至是雅加达、北京或伦敦。这样的工作人员被期望毫无疑义地接受这种调动。他们的家人必须要么留下,要么在短时间内跟着搬迁。

如今,这种做法按世界标准来讲是不寻常的。在20世纪七八十年代,美国或欧洲跨国公司有很多类似的情况。其基于的假设情况是,丈夫工作而妻子不工作,所以丈夫可以随意地从一个工作岗位被调到另一个工作岗位或另一个地方。这种情况在20世纪90年代发生了变化,因为越来越多的女性开始出现在专业岗位上,越来越多的家庭由两个专业人士组成。当两个专业人士组成一个家庭时,他们中的任何一个都不能轻易地被调动。现在日本三分之二[1]的家庭的夫妻双方都有收入。因此,现在公司在招聘时对整个家庭加以考虑,应该是一种标准操作。

---

1 *OECD Survey of Japan 2019*,fig. 1.15,p. 91.

这里的原则是，雇员与其雇主之间的承诺应该是相互的，而非基本上是单向的，不再是签署了合同就意味着要服从公司任何命令。公司的命令，即轮岗和工作地点的决定，需要考虑到员工的长期需求，并显示出对培养和留住员工的承诺，即使员工表示要考虑一下个人情况再做决定，如是否要结婚，或职位调动会对他们配偶的事业有怎样的影响。

10. 雇主应取消行政轨道和事业轨道之间的区别

随着两个方面的变化，对相互承担义务的必要性的认识正慢慢渗入日本大中型公司的人力资源部门：一是劳动力短缺变得更加严重，包括中等水平的合格专业人员；二是更多受过大学教育的女性进入三四十岁，也产生对其职业的不同需求和期望。许多公司已经采取了进一步（但远未普及）的措施，企业应该废除职业轨道之间——即事业轨道或管理轨道，与通常限制女性发展的行政轨道之间——的常见区别。

这样做之所以是可取的，是因为它将取消企业在雇员加入时就对其进行判断的做法，这种做法假定企业在雇员大约22岁时就已可知道其能力和性格等一切重要信息。这种对个人在未来三四十年的工作生涯中可能或不可能做出怎样的选择的判断必然是基于偏见的，特别是涉及结婚和生育时。这种做法是僵化的，虽然它在过去也许还能适用,因为那时新招收的年轻人口在不断增长,但在新就业人口不断萎缩,所有年龄段的劳动力都很稀缺的时代,这种做法是不明智的,也危害自身。未来,劳动力短缺可能或多或少成为企业生活的永久特征,因此,如果公司允许并鼓励员工根据他们的生活选择、家庭状况,尤其是他们逐渐成形的能力和雄心,在不同的职能和"轨道"之间流动,这将更为明智。从企业的角度来看,这也将是更有效的。

11. 应给予女性专业人士更多的早期机会和发展空间

女性和职业研究所的大泽教授多年来一直致力于研究女大学毕业生的选择和态度。她对她所看到的许多企业人力资源政策的变化持乐观态度[1],并列举了资生堂、大和证券、优衣库、7-11便利店、卡乐比和其他一些已经实现现代化的公司。然而,她指出的一个重要统计数字是,自愿辞去全职工作的女大学毕业生比例非常高。大泽教授引用了工作-生活政策中心在2011年进行的一项调查,其中显示74%的受访者辞去了大学毕业后的第一份工作,而在美国,这一比例为31%,德国为35%。这主要不是因为20世纪70年代的旧理由,即结婚和生孩子。与日本女性相比,更多的美国女性辞职是出于照顾孩子的原因。相反,日本女性辞职

---

[1] 对大泽真知子的采访,2017年11月30日于东京日本女子大学。

的主要原因是对她们的工作不满意，有一种处于"死胡同"的感觉。

这很好地验证了第九章中河合江理子讲的故事。要知道，1981年，河合的第一份工作——即使是在哈佛大学获得本科学位之后，也是在野村研究所被安排穿上制服，干些端茶倒水的杂活。她被告知，她结婚后就必须离开公司。所以难怪她后来决定辞职，并在欧洲做出一番非常成功的金融事业。女性从进入公司的那天起就受到各种类型雇主的歧视。设置行政轨道和事业轨道之间的区别是一个关键部分，而这种歧视也反映在薪酬的巨大差异上。

如果这样的话，那么现在广大企业更需要招聘并留住的是女性专业人才而不只是男性，企业还需要调整其惯常做法以应对这种不再任劳任怨的态度。大泽教授说："公司需要在早期阶段将女性分配到责任岗上，让她们有动力和信心留下来，甚至在生完孩子后愿意回来。"她说，企业需要从员工的五年发展阶段来考虑，特别是考虑到女员工有可能想生孩子。如果相对早地让她们从事领导岗位，"那么她们就可以稍晚点生孩子，然后再回来"。她以麒麟公司为例，说他们正在给予女性员工早期机会。

12. 产假和陪产假不应仅仅被视为权利，而应被视为职业发展的一个组成部分。陪产假的某些部分甚至可以强制执行。

正如我们所了解到的，日本的产假和陪产假法律立于全球最慷慨之列。生孩子的女性职工在孩子满一岁前都可以不用来上班。父亲们可以行使同样的权利。这是向前迈出的一大步，但到目前为止，政府或（最关键的是）企业的处理方式并没有帮助那些希望成为母亲的能干的职业女性留下来继续发展，也没有鼓励家庭中的合理角色分担。

现在出现的困难是，虽然权利已经生成并得到加强，但雇主或母亲方面的义务没有与其充分磨合。在世界任何地方的任何组织中，要满足一个关键员工几个月甚至一年或更长时间的缺席是不容易的。换句话说，这给企业和团队都带来了成本。这需要双方都有一些规划。雇主必须在预算和职业发展战略中考虑到女员工回家生子后再回到公司所要产生的成本。在现代社会中，产假不是一件孤立的或不寻常的事；事实上，它需要成为一种常态。反过来，女性员工必须认真考虑她的产假缺勤会如何影响自己的职业道路，考虑她回来后可能想做什么，以及返回的时机不仅要有益于她自己，而且要有利于公司。换句话说，这需要一个共同的决定和一个共同的规划过程。

参议院的一位女议员提出了一个更大胆的建议：休陪产假应该是强制性的。松川琉在她的文章[1]中没有具体说明她认为应该强制执行的假期长度——毕竟，产假并不是强制的，但她的论点是有分量的。为了促进家务和育儿分担更均衡，同时也迫使公司为产假做出一些系统性的规定，规定新爸爸必须休一个月假的想法在企业文化中是非常有意义的，因为如果没有某种形式的强制规定，陪产假就很难成为标准做法。2020年1月，前首相小泉纯一郎的儿子、38岁的环境大臣小泉进次郎宣布，他计划休两周的陪产假（同时仍然参加内阁会议），这引起了一些批评，暗示这样做是对政府失职（却未提及对家人的责任），但争取工作-生活平衡的活动家称赞他树立了一个好榜样，即便作用可以说是微乎其微。

✦ ✦ ✦

日本的未来取决于能够给予民众怎样的机会，以及民众能够实现其潜力的程度。国民（无论男女）是这个国家唯一的自然资源，也是一笔巨大的财富。在过去30年里，由于不安全感普遍存在，这种资源的利用效率一直在下降。所谓"失去的几十年"的

---

[1] Matsukawa Rui, *Mandatory Paternity Leave Is the Key to Womenomics*, AJISS-Commentary 281, Association of Japanese Institutes of Strategic Studies, 20 December 2019.

真相是，真正失去的是人力资本，以及创造力和生产力，而日本曾经被认为是世界上最富创造力和生产力的国家。造成这种损失的一个重要原因是，各级与各类雇主以不公正和短视的方式对待女性员工，即使性别平等在世界上其他地方已经获得了快得多的发展。

那么，且让我们以一个积极、乐观的语调来给这本书收尾吧。在本书的最后一批采访中，我前往新宿参观了日本财产保险公司（Sompo，"损保"）的人寿保险分公司，并与该公司的首席执行官樱田谦悟交谈。[1] 他是由就职于软件公司思爱普（SAP）日本公司，研究内部性别多样性问题的人力资源专家阿基利斯·美知子（Achilles Michiko）推荐给我的，[2] 美知子称他是一位先进的、支持多样性的企业领导。我没有失望，尽管樱田让我清楚地感觉到，即使在他的公司，在给女性提供更多机会等方面，也有大量的工作等着去做。

他说，损保的政策不仅仅是要谈论多样性，而且要把它实施起来。樱田认为，多样性不仅仅是指性别："它是指我们的心态，我们的就业方式，我们的国籍，我们的年龄。"他认为多样性是一种必要特质，是现代科技时代的要求。"对于脸书[3] 和其

---

[1] 对樱田谦悟的采访，2018年5月16日于东京损保人寿保险公司。
[2] 对阿基利斯·美知子的采访，2018年2月14日于东京思爱普日本公司。
[3] Facebook，已改名为 Meta。——译者注

他科技公司来说,多样性已经成为价值和成长的一个巨大来源。这些科技公司现在的市值比日本的整个GDP还要大。"他认为保险业尤其处于金融技术(金融科技)创新的火线上。

因此,损保的政策转变为从企业外部招聘优秀的处于职业发展中期的人才,以引进新的想法和新的专业知识,这种做法在过去那些倾向于终身雇用和忠诚的大公司中是很罕见的。他说,公司还改变了根据员工的投入来付薪和晋升的做法,转为以产出作为标准和依据:以结果为导向,以任务为导向。他说,这一点在高管级别的员工身上已经实现了约80%,但在具体业务上需要更长的时间来落实,因为业务人员的雇用条件更多的是基于和客户之间的沟通。如果员工申请到其他子公司工作,包括海外公司,他们的养老金已经可以转到新的工作地。公司人力资源部门已收到指令,即在新招聘的人员中,三分之一应该处于其职业生涯中期,以保持公司的创新性。

我问他:你期望在招聘和培养女性担任管理职位方面走多远?他说,30%是可以实现的。"但现在,"他说,"50个高管职位中只有一个是由女性担任的。这是个笑话。"

在未来20年里,每一位像樱田一样的日本首席执行官的任务就是要改变这种状况。女性的任务是提出改变的要求。政府的任务是创造一个可以改变的环境。那样的话,那个笑话就会不存在了。它从来都不好笑。

Copyright © Bill Emmott 2020

Japan's Far More Female Future was originally published in English in 2020, This translation is published by arrangement with Oxford University Press. Nanjing University Press is solely responsible for this translation from the original work and Oxford University Press shall have no liability for any errors, omissions or inaccuracies or ambiguities in such translation or for any losses caused by reliance thereon.
All rights reserved.

江苏省版权局著作权合同登记 图字:10-2021-193号

图书在版编目(CIP)数据

在场:21个故事讲述日本的女性经济学 /(英)比尔·艾默特(Bill Emmott)著;林小慧译.—南京: 南京大学出版社,2022.9
ISBN 978-7-305-25827-5

Ⅰ.①在… Ⅱ.①比… ②林… Ⅲ.①女性-经济学-日本②女性-访问记-日本-现代 Ⅳ.①F131.34
②K833.138.5

中国版本图书馆 CIP 数据核字(2022)第092314号

出版发行	南京大学出版社
社　址	南京市汉口路22号　邮　编　210093
出 版 人	金鑫荣

书　　名	在场:21个故事讲述日本的女性经济学
著　　者	[英]比尔·艾默特
译　　者	林小慧
责任编辑	刘慧宁
照　　排	南京紫藤制版印务中心
印　　刷	徐州绪权印刷有限公司
开　　本	787×1092　1/32　印张8.5　字数168千
版　　次	2022年9月第1版　2022年9月第1次印刷
ISBN	978-7-305-25827-5
定　　价	52.00元

网　　址	http://www.njupco.com
官方微博	http://weibo.com/njupco
官方微信	njupress
销售咨询	025-83594756

* 版权所有,侵权必究
* 凡购买南大版图书,如有印装质量问题,请与所购
　图书销售部门联系调换